Juan Ruiz de Alarcón

La manganilla
de Melilla

Barcelona **2024**
Linkgua-ediciones.com

Créditos

Título original: La manganilla de Melilla.

© 2024, Red ediciones S.L.

e-mail: info@linkgua.com

Diseño de cubierta: Michel Mallard.

ISBN tapa dura: 978-84-9897-446-1.
ISBN rústica: 978-84-96290-70-9.
ISBN ebook: 978-84-9897-922-0.

Sumario

Brevísima presentación

La vida

Juan Ruiz de Alarcón y Mendoza (1581-1639). México.

Nació en México y vivió gran parte de su vida en España. Era hijo de Pedro Ruiz de Alarcón y Leonor de Mendoza, ambos con antepasados de la nobleza. Estudió abogacía en la Real y Pontificia Universidad de la Ciudad de México y a comienzos del siglo XVII viajó a España donde obtuvo el título de bachiller de cánones en la Universidad de Salamanca. Ejerció como abogado en Sevilla (1606) y regresó a México a terminar sus estudios de leyes en 1608.

En 1614 volvió otra vez a España y trabajó como relator del Consejo de Indias. Era deforme (jorobado de pecho y espalda) por lo que fue objeto de numerosas burlas de escritores contemporáneos como Francisco de Quevedo, que lo llamaba «corcovilla», Félix Lope de Vega y Pedro Calderón de la Barca.

Cristianos y musulmanes en el Norte de África

En *La manganilla de Melilla* Juan Ruiz de Alarcón relata un episodio sucedido en la ciudad española de Melilla en el siglo XVII, conocido como el «Suceso del Morabito». Un lider morisco convenció a los suyos de que tenía poderes sobrenaturales para adormecer a los cristianos defensores del lugar. El alcaide de la plaza, Pedro Venegas, ordenó abrir de las puertas de la muralla de la ciudad y los españoles derrotaron a los musulmanes en una audaz emboscada.

Al igual que *La cueva de Salamanca*, esta obra también alude a la magia y el esoterismo. Asimismo el capitán Venegas, hombre valiente y osado, se vale de la astucia para vencer a los musulmanes. Ruiz de Alarcón recurre a sucesos históricos para construir uno de sus dramas más logrados. Alarcón critica la mentira. En *La manganilla de Melilla*, la mentira es un recurso usado por todos para conseguir sus fines. En este caso el sargento Pimienta miente impelido por su deseo de poseer a Darja y a Alima, moras cautivas de los cristianos.

Personajes

Abenyúfar, moro, viejo grave
Alima, mora dama
Amet, morabito, viejo grave
Arellano, soldado
Arlaja, mora dama
Azén, moro galán
Daraja, mora dama
Dos soldados
Moros
Muley, moro, galán
Pedro Vanegas de Córdoba, galán
Pialí, moro
Pimienta, soldado
Salomón, judío, gracioso
Zaide, moro
Zeilán, moro

Jornada primera

(Salen Pimienta, de moro, y Alima de noche.)

Alima   ¿Dónde estamos? ¿Qué castillo
y qué torres son aquéllas?

Pimienta   Ese lugar es Melilla,
las torres su fortaleza.

Alima   ¿Por qué me engañas, traidor?
a Fez dices que me llevas,
y a Melilla me has traído,
que es de cristianos frontera.
¡Perdida soy! ¡Ay de mí!
¿Por qué, enemigas estrellas,
hicistes de la desdicha
tributaría la belleza?
¡Triste yo! ¿Quién me diría
ayer, cuando hombres y selvas
con libertad divagaba
y mandaba con soberbia,
que hoy, cuando con blancas urnas
vertiese la aurora bella
a los aires oro en rayos,
y a los campos plata en perlas,
yo también triste daría,
a un hombre extraño sujeta,
lágrimas tiernas al suelo,
y al viento llorosas quejas?

Pimienta (Aparte.)   (¡Con cuánta gracia lo llora!
Mas por Dios, que como peina
ya en los riscos orientales

9

Febo sus rubias madejas,
va descubriendo la mora
un nuevo Sol en sus hebras,
un nuevo oriente en sus ojos,
y en su llanto un alba nueva.
¡Ah, cielos! ¿Tan gran tesoro
entre engañosas tinieblas,
avarienta de mis dichas,
me ocultó la noche fea?
No vieron humanos ojos
partes jamás tan perfetas;
afrenta de Venus es,
y honra de naturaleza.
No llega la admiración
donde la hermosura llega;
cobarde está la alabanza,
presumida la belleza.)
Mora hermosa, ¿qué te afliges?
¿Qué lloras? ¿Qué te querellas?

Alima   Por mi libertad perdida,
que es la más preciosa prenda.
¡A Melilla me has traído!
No es por bien. Venderme intentas.
Moro vil, ¿a los cristianos
entregas tu sangre mesma?

Pimienta   Tu perdida libertad
injustamente lamentas,
cuando un irgel de albedríos
en tu hermoso rostro llevas.
¿Dónde, di, serás cautiva,
que no cautives, y seas
dueño de tu dueño mismo?

10

Basta, mora; el llanto cesa;
tu remedio está en tu mano;
que porque el imperio sepas
de esos tus ojos, el mío
tienes ya también en ella
No ha nada que eras mi esclava.
Ya mi dueño Amor lo ordena;
que la luz deshace injurias
que te hicieron las tinieblas.
Redima, pues, mora hermosa,
una piedad dos tormentas,
un favor dos libertades,
y una permisión dos penas.
Hazme tu Adonis dichoso,
pues eres tú Citerea,
y pues dispone mis glorias
la soledad de estas selvas;
y te prometo que al punto,
sin que el cristiano te vea,
a tu amada libertad
y a tu dulce patria vuelvas.

Alima   ¡Calla, villano, traidor!
¡Los infames labios cierra!
Por deshacer un agravio,
¿otros mayores empiezas?
Cuando me obligas, ¿pretendes
mi infamia? Batir intentas
torres de diamante duro
con balas de blanda cera.

Pimienta   Mira...

Alima   ¡Qué vana porfía!

Pimienta	Mas, ¡qué vana resistencia!
Alima	Darán a mis justas voces favor los troncos y fieras.
Pimienta	¡Acaba!
(Pelea con ella.)	
Alima	¡Un peñasco ablandas!
Pimienta	¿Para qué tengo paciencia, pudiendo yo ser Tereo, si fueras tú Filomena? ¡Que, vive Dios, de cortarte, para que en todo lo seas, si resistes o das voces,
(Saca la daga.)	con esta daga la lengua!
Alima	Almas tienen estas plantas y deidades estas selvas, que castiguen tu delito, y que te impidan mi afrenta.

(Salen Vanegas, Arellano y otros soldados.)

Vanegas	¡Acudid por esa parte, soldados; que voces suenan de una mujer afligida!
Alima	El cielo escuchó mis quejas.
Arellano	Moros son. ¡Daos a prisión!

Pimienta (Aparte.)	(¡Triste yo! En la vil contienda me ha cogido el General.)
Arellano	¿Es el sargento Pimienta?
Pimienta	Pues, ¿quién puede ser?
Vanegas	¿Qué es esto?
Pimienta	Gran desdicha ser pudiera. ¡Válgate el diablo, la galga, y en qué me ha visto con ella!
Alima (Aparte.)	(¿Que era cristiano el traidor?)
Vanegas	Pues, ¿qué ha sido?
Pimienta	A la frontera de Búcar fui por espía, como veis, por orden vuestra; y ayer, después que escondió Tetis en la alcoba negra que dio tálamo a Peleo del Sol las doradas trenzas, topé en un monte esa mora, cuyo cielo en su maleza, de Atlante daba a un caballo el oficio y la soberbia. «¿Eres de Búcar?», me dijo. Yo, porque la diferencia del lenguaje no me dañe, traza que el recato enseña, respondo que soy de Fez;

mas húbelo dicho apenas,
cuando ofreciéndome
cuantas Midas alcanzó riquezas,
me pide que a Fez la lleve.
Yo con la inocente presa
parto a Melilla, fingiendo
que cumplo lo que desea.
Pues hoy, cuando sus colores
volvió la luz a esta fuerza,
y que era Melilla supo,
furiosa, airada y resuelta,
sacándome de la cinta
el puñal, teñir intenta
del campo las esmeraldas
con la grana de sus venas.
El enorme angelicidio
le estorbé, y la misma fuerza
que al pecho quitó los golpes,
sacó del alma las quejas.

Alima (Aparte.)   (¡Qué bien desmintió su culpa!)

Vanegas   Mora, no es justo que ofendas,
                   con aborrecer tu vida,
                   del cristiano la nobleza,
                   y más cuando a tal estima
                   obligan tus partes bellas,
                   que no has de tener de esclava
                   más que el nombre en nuestra tierra.
                   Y pues sabes que el rescate
                   estas desdichas abrevia,
                   olvídalas ya, y tu estado
                   con menos lágrimas cuenta.

14

Pimienta	Pedro Vanegas de Córdoba,
	que es general de esta fuerza
	de Melilla, lo pregunta.
	Haz relación verdadera.
Alima	Heroico lustre de España,
	en cuya persona juntas
	la nobleza y valentía
	se compiten y se ayudan,
	presta a mi lengua atención,
	pues que mi historia preguntas.
	Conocerás la mujer
	más sin dicha en la ventura.
	Alima es mi nombre, Fez
	mi patria, si no repugna
	que lo sea la que ha sido
	mi madrastra en las injurias.
	Mi padre es un noble moro,
	cuyo nombre es Abenyúfar,
	a quien la privanza ha dado
	del rey de Fez la Fortuna.
	Crecí por desdicha mía
	en años y en hermosura,
	que con alas y con lenguas
	la fama aumenta y divulga.
	Entre muchos que a mi imperio
	los pensamientos tributan
	se mostró más abrasado
	Azén, alcaide de Búcar;
	pero como no pudiesen
	fuertes diligencias suyas
	ver jamás del pecho mío
	la condición menos dura,
	en violencia trocó el ruego,

la diligencia en industria,
y al poder injusto apela
de la resistencia justa.
Y así, estando yo una tarde
en un jardín, a quien hurta
pinceles la primavera
con que sus mayos dibuja,
violento rompe la puerta,
resuelto el jardín ocupa
de moros enmascarados
una bien armada turba.
Cogiéronme, y fue de suerte,
de mi desdicha y su furia,
mi turbación, que aun la voz,
de medrosa, quedó muda,
y primero vi llevarme
por entre selvas incultas,
que permitiese a los labios
el temor pedir ayuda.
Alas impuso ligeras
a los raptores la culpa,
con que en jornadas de instantes
llegaron conmigo a Búcar,
donde su alcaide ha dos meses
que cuantos más medios busca
de contrastar mi esquiveza,
más su intención dificulta;
que si antes era la mía
del todo opuesta a la suya,
¿qué será después que ha vuelto
la ofensa el rigor en furia?
Con esto emprendió por fuerza
dar efeto a su locura;
mas de ello apenas indicios

me dio su intención injusta,
cuando con rostro más fiero
que muestra la noche oscura,
de tempestades armada,
al que al golfo airado surca;
con ojos más fulminantes
que la serpiente en la gruta
cuando a las gentes de Cadmo
dio veneno, si agua buscan;
con pecho más vengativo
que la troyana, a quien mudan
en rabioso can las penas
de su prosapia difunta,
le dije: «Bárbaro moro,
sin ley, sin Dios, no presumas
que lo que el amor te quita,
la fuerza te restituya».
¡Vive Alá, que si te atreves,
con los dientes, con las uñas,
cual rabiosa tigre, al viento
dé tus entrañas impuras!
¡Prueba! ¿Qué te tardas? ¡Llega!
¿Qué te detienes? ¿Qué dudas?
¡Oh, honestidad soberana!
¿Qué deidad tienes infusa?
General famoso, miente
la que dijere que nunca
verdadera resistencia
se ha rendido a fuerza injusta,
cual tímido pajarillo,
que cuando el viento retumba
al trueno que el rayo engendra,
se esconde en su misma pluma;
o como el airado cierzo

sobre las ondas cerúleas,
luego que el mismo la cría,
deshace la blanca espuma;
así mi resolución
enfrena, desmaya y muda
la del moro, ya arrojado
a emprender facción tan bruta.
Después acá óesto he debido
a su amor o a mi venturaó
ni de su poder se vale,
ni su deseo ejecuta,
o sea que mi valor
le acobarda, o que procura
vencer el alma primero,
que temiendo a Abenyúfar
o al rey de Fez, deshacer
quiera la pasada culpa,
sirviendo con cortesía
a quien robó con injuria.
Ayer, pues, por obligarme,
después de otras fiestas muchas
con que mi gusto venera,
y conquista su ventura,
ordenó llevarme a caza;
y en un caballo que emulan
los del Sol en ligereza,
en ardor y en hermosura,
salí a perseguir las fieras;
y cuando a la selva ruda
los árboles comenzaron
a dar sombras más confusas,
me aparté de los monteros,
y las sendas más ocultas
sigo con la ligereza

que permite la espesura,
con intento de irme a Fez,
si el cielo me diese ayuda,
o ausente de mi enemigo,
habitar sierras incultas;
cuando en las manos me puso
de este español mi fortuna,
cuyos engaños me hicieron,
como ha dicho, esclava suya.
Lo demás él lo ha contado.
Confieso que con la furia
de mi libertad perdida
me fue mi vida importuna;
mas ya que el valor he visto,
gran general, que te ilustra,
quiero más ser en Melilla
esclava, que libre en Búcar.

Pimienta (Aparte.)   (La mora es noble y discreta,
pues confirma mi disculpa,
o porque su dueño soy,
o por temer que a la suya
crédito le han de negar.
Todo iguala a su hermosura.)

Vanegas   Cuanto tu beldad me admira,
me lastima tu fortuna;
mas puedes pensar que yo,
por más que airada presuma
perseguirte, he de oponer
mis fuerzas a sus injurias.

Alima   De tu nobleza lo fío;
pero si merced alguna

de ti espero, la primera
será hacerme esclava tuya,
pues demás de lo que gano
con tal dueño, así me excusas
la pena de ser de quien
me trajo a tal desventura.

Pimienta (Aparte.)   (¡Ah, enemiga! Ya te entiendo.
Porque mis intentos huyas,
quieres salir de mis manos;
mas no te valdrá la industria.)

Vanegas   Señor sargento...

Pimienta   Señor...

Vanegas   Bien ve que en las damas nunca,
aunque se mude el estado,
el privilegio se muda.
Que la compre quiere Alima.
Darle gusto no se excusa.
Póngale precio, y al punto
lo vaya a contar.

Pimienta   No hay suma
por que dé yo tal esclava,
ni pueda igualar alguna
a la que por ella espero
de Azén, alcalde de Búcar.

Vanegas   Pues con una condición
el contrato se concluya;
que la cantidad por ella
le daré que fuere justa,

y la que por su rescate
dieren, también será suya.

Pimienta   Señor...

Vanegas   No hay que replicar;
                   y mire que no es oculta
                   su lasciva inclinación;
                   y si este intento repugna,
                   será forzoso que de ello
                   un fin malicioso arguya.

Pimienta (Aparte.)   (El demonio se lo dijo.)
                   Confieso que si me apunta,
                   jamás me yerra Cupido;
                   mas mira, cuando me acusas,
                   que por huir de mis brasas,
                   no dé la mora en las tuyas.

Vanegas   Mis costumbres, por lo menos
                   hasta agora, me disculpan.

Pimienta   Lo mismo digo, mas temo
                   que las venza esta hermosura,
                   y por abonar las mías,
                   digo que, pues de ello gustas,
                   con la condición que has puesto
                   queda la esclava por tuya.

Vanegas   Pues venga a contar el precio.
                   Ya, como pediste, mudas
                   el dueño; ya lo soy tuyo,
                   Alima.

21

Alima	Y de la Fortuna lo soy yo, siendo tu esclava.

(Vanse Vanegas y soldados.)

Pimienta	¿Estás contenta?
Alima	Segura, al menos, de tus excesos.
Pimienta	No podrás estarlo nunca, si a tu misma patria vuelves, si el mismo infierno te oculta; mas con todo, te agradezco que hayas callado mi culpa.
Alima	No lo agradezcas; que yo no lo hice porque induzcas de ello obligación en ti; mas porque nadie presuma que tú pudiste perder el respeto a mi hermosura.
Pimienta	Arrogante sois y cuerda; imas libreos Dios de una punta de Amor! Que a fe que ella os sangre de arrogancia y de cordura.

(Vanse. Salen Azén, Muley y Zaide.)

Azén	Abrevia; que de un cabello está mi vida pendiente.
Zaide	De la peñascosa frente

22

que a esa sierra oprime el cuello,
   al pie que le baña el río
con lisonjero cristal;
del más espeso jaral
y del bosque más sombrío
   al campo menos amado
de Pomona y Amaltea,
con alas de quien desea
y teme, corrió el cuidado.
   No hay donde buscarla ya.
Tragóse a tu Alima el suelo.

Azén
   ¡Pese a Mahoma, y al cielo
pese, y pese al mismo Alá!

Muley
   ¡Ten! ¡No blasfemes, señor,
de Alá! ¡Mira que es locura
por amor de una criatura
ofender así al Criador!

Azén
   ¿Y es cordura que me ofendas
a mí tú, siendo quien soy,
y cuando rabiando estoy,
mis excesos reprehendas?
   Pues digo que, ¡pese a Alá
mil veces, y pese a cuanto
sobre su estrellado manto
su gloria gozando está!
   Cuando vomito volcanes,
cuando el dolor en el pecho
es un Aquilón deshecho
que forma mil huracanes;
   cuando las crinadas furias,
de ira, rabia y fuego llenas,

ministrando al alma penas,
brotan a la boca injurias,
   ¿te opones tú a mi furor,
e intentas, necio, imprudente,
reprimirme en la creciente
de un desesperado amor?

Muley   Si se atrevieran tus labios
a algún humano sujeto,
no fuera intento discreto
oponerme a sus agravios;
   pero que de Alá blasfemes,
ni he de sufrirlo, ni temo
tu poder, pues tú, blasfemo,
el del mismo Dios no temes.

Azén   Pues presto verás en ti
cuál yerra más de los dos;
yo, blasfemando de Dios,
o tú, ofendiéndome a mí.
   ¡Hola! ¡Prendedlo al momento,
y a su soberbia locura
la mazmorra más oscura
dé pena y ponga escarmiento!

Muley   ¡Bien, alcaide, vas pagando
de mi padre los servicios,
que con tantos beneficios
te está en España obligando!

Azén   Cuanto dél allá me obligo,
me ofendes tú acá; y no entiendo
que al padre que es bueno ofendo,
si al hijo malo castigo.

                    ¡Llevalde presto de aquí!

Muley   Poco te vengas en eso.
                    Azén, por Alá voy preso,
                    Alá mirará por mí.

(Llévanle.)

Azén   ¡Ah, cielos! ¿Dónde escondéis
                    mi prenda hermosa y querida?
                    ¿Por qué me dejáis la vida
                    si el alma no me volvéis?

(Sale Pialí con una carta, y dala a Azén.)

Pialí   De Fez un moro ha llegado
                    con ésta, Azén, para ti.

Azén   Querellas serán, Pialí,
                    de Abenyúfar agraviado.

(Lee el sobrescrito, ábrela y lee.)

                    «A Azén, alcaide de Búcar. Hasta
                    agora se ha ocultado a mi diligencia
                    el agresor del robo de Alima; vuestro
                    atrevimiento probó el hacerlo; vuestra
                    malicia descubre el encubrirlo, si la
                    disculpa no es ser ya su esposo; yo
                    estoy ofendido, y el rey indignado.
                    De Fez, Abenyúfar.»

Azén   ¡Solo agora me faltaba
                    esta amenaza! ¡Levante

fiero el Tebano gigante
contra mi su fuerte clava!
    ¡Vibre en la invencible mano
Júpiter omnipotente
contra mí el efeto ardiente
del flamígero Vulcano!
    ¡Como al soberbio Tifeo
en el suelo trinacrino,
me oprima el Etna, el Paquino,
el Peloro y Lilibeo!
    ¡Caiga todo sobre mí
el celestial firmamento,
que nada temo ni siento
después que a Alima perdí!

(Salen Daraja y Salomón.)

Salomón   Mira que tiene tu hermano
                   todo el infierno en el pecho.

Daraja   Bien se ha visto en lo que ha hecho;
                   mas por Alá soberano,
                       que si no suelta al momento
                   a Muley de la prisión,
                   ha de apostar mi pasión
                   a furias con su tormento.

Salomón (Aparte.) (Rabiosos andan los perros.)

Daraja   ¿Qué es esto, Azén? ¿Has perdido
                   el honor con el sentido,
                   que añades yerros a yerros?
                       Cuando por robar a Alima,
                   darte debiera temor

del rey de Fez el rigor,
que a su padre tanto estima,
   ¿las fuerzas te disminuyes?
Si a Muley, Alcaide, prendes,
a tus vasallos ofendes
y a ti mismo te destruyes.
   ¿Qué moro tiene tu tierra
sin él, que te pueda dar
hombros en que sustentar
el peso de tanta guerra?
   Y cuando a tu enojo cuadre
no atender a esta razón,
respeta la obligación
de Amet Bichalin, su padre,
   morabito venerado
tanto en Búcar, que si viene
de España, donde le tiene
su valor y tu mandado,
   y ofendida su lealtad
se rebela, desconfía
de que nadie en Berbería
siga tu parcialidad.

Azén

Basta ya, cierra los labios;
que a más furor me dispones,
pues hallo ya en tus razones,
más que consejos, agravios.
   ¿Que tema yo a mis vasallos
te atreves a aconsejarme,
cuando hubieras de irritarme
con valor a castigallos?
   Vete, Daraja, si airado
probarme también no quieres;
que jamás a las mujeres

tocó la razón de estado.
En tu labor te entretén;
déjame a mi gobernar;
no me obligues a pensar
algo que no te esté bien;
que si llego a presumillo,
¡vive Alá, que en mi severo
rigor has de ver, primero
que la amenaza, el cuchillo!

Daraja   Tu tirana condición
fingirá culpas en mí,
para dar materia así
a tu injusta inclinación;
y cuando ofendido estás
del desdén y de la ausencia
de tu Alima, en mi inocencia
vengar tu enojo querrás,
sin advertir que es sin fruto,
y que si el hombre se escapa,
romper la furia en la capa
solo es venganza de bruto.

Azén   Pues, necia, ya que me obliga
tu locura a declarar,
y puesto que a mi pesar,
lo que sospecho te diga

Salomón (Aparte.)   (Hoy se ha de arder esta Troya.)

Azén   Dime, ¿ha sido acaso en vano
no querer darle la mano
al alcaide de Botoya?
Si resistes con rigor

lo que te estaba tan bien,
¿negarás que tu desdén
nace en ti de ajeno amor?
   Pues si tras esto te veo
sentir tanto la prisión
de Muley, ¿no es presunción
que vive en él tu deseo?

Daraja   Si mi culpa estriba en eso...

Azén   No, no tienes que alegarme.
Cuando llegué a declararme
cerré contra ti el proceso.
   Zaide...

Zaide   Señor...

Azén   Ni te asombres
ni repliques. En prisión
pongo por cierta ocasión
a Daraja. Con cien hombres
   en este cuarto has de estar
en su guarda y por su alcaide;
que a ti solamente, Zaide,
puedo este cargo fiar.

Salomón (Aparte.)   (Él le encarga gentil joya.)

Azén   O aquí al tormento inhumano
darás la vida, o la mano
al alcaide de Botoya.

Daraja   Si piensas que tus porfías
han de poder...

Azén	¡Entra ya! ¡No me repliques!
Daraja	¡Alá castigue tus tiranías!

(Vanse Daraja y Zaide.)

Salomón (Aparte.)	(¡Encerróla! Al superior no es oponerse cordura. Irme quiero; coyuntura tendré de hablarle mejor; que está enojado.
Azén	¡Ah, judío! ¡Vuelve!
Salomón (Aparte.)	(¡Cogióme!)
Azén	¿Qué quieres?
Salomón	Quiero lo que tú quisieres.
Azén	¿Adónde ibas?
Salomón	Señor mío, voy donde has mandado.
Azén	¿Yo? ¿Dónde te he mandado ir?
Salomón	¿No me mandaste partir a Melilla, Alcaide?

Azén	No.
Salomón	Pues, señor, no iré a Melilla.
Azén	Tú estás trabado.
Salomón	De verte enojado, estoy de suerte, que no sé...
Azén	Con quien se humilla y me teme, no ejercito yo mi poder, Salomón.

Salomón	Ésa es real condición
	y lo contrario es delito.
	    El que soberbio se atreve,
	se arrepienta derribado.
	Quien tu poder no ha estimado,
	ése tus rigores pruebe.
	    Jamás, alcaide, he tenido
	igual gusto al que me diste
	cuando enojado prendiste
	a Muley por atrevido.
	    El hombre solo merece,
	siendo severo, ese nombre,
	porque en riéndose un hombre,
	a mí no me lo parece.
	    No hay propia pasión que menos
	se conforme a la razón.
	Si gusto o admiración
	me dan donaires ajenos,
	    ¿qué tiene que ver que quiera

yo alabarlos o aplaudillos,
con arrugar los carrillos
y echar las muelas de fuera?

Azén

¿De gracia estás, Salomón,
cuando mi pecho atormentan
cuantas sierpes alimentan
las tres hijas de Aquerón?

Salomón

Divertirte fue mi intento;
que a mí también tu pesar
me aflige.

Azén

Hoy lo has de mostrar.
Amigo, parte al momento,
  y no me dejes frontera
de cuantas el español
ocupa y alumbra el Sol,
donde mi adorada fiera
  no busques; y si codicias
riquezas, por estas nuevas
cuantas las indianas cuevas,
rinden te daré en albricias;
  mas sin ellas a mis ojos
no vuelvas jamás.

Salomón

Confía
que la diligencia mía
ponga fin a tus enojos.
  Mas...

Azén

Habla. ¿Cosa hay que pueda
causarte temores vanos?

Salomón	Para andar entre cristianos llevo muy poca moneda.
Azén	Estribe en eso mi intento. Ven, daréte mil cequíes.

(Vase Azén.)

Salomón	Con ellos no desconfíes que sus alas compre al viento. Los que vivís de embestir, de mi podéis aprender. Primero habéis de saber lisonjear que pedir.

(Vase. Salen Arlaja y Alima.)

Arlaja	Triste parece que estás. ¿Sientes mucho el cautiverio?
Alima	Arlaja, ¿creer podrás que otro poderoso imperio es el que me aflige más? ¿Quién creyera —¡triste yo!— que la que siempre vivió tan libre cuando lo era, el alma también rindiera cuando el cuerpo cautivó?
Arlaja	¿Haste enamorado, Alima?
Alima	Ser tú de mi patria, y ser quien al mal que me lastima remedio puedes poner,

a confesarlo me anima.
Arlaja, yo estoy sin mí.

Arlaja   Dime, ¿por quién?

Alima   No entendí
que lo dudaras, Arlaja,
pues agravias la ventaja
de sus méritos así.

(Sale Pimienta.)

Pimienta (Aparte.)   (¿Nunca la ardiente pasión
que sin piedad me lastima
ha de hallar una ocasión?
Arlaja está con Alima:
usaré de una invención.)
Arlaja...

Arlaja   ¿Quién llama?

Pimienta   ¿Así
te estás descuidada aquí,
cuando el general te llama,
y por no hallarte, le inflama
un ciego ardor contra ti?

Arlaja   Voy volando.

(Vase Arlaja.)

Alima   Yo te sigo.

Pimienta   Hermoso dueño, enemigo

	de mi vida, ¿dónde vas? A Arlaja llama no más.
Alima	Voy solo a no estar contigo. 　¡Suelta!
Pimienta	Aplaca ya el rigor ajeno de tu hermosura.
Alima	¿Que solicita mi amor quien fue de mi desventura y cautiverio el autor? 　Antes el hermoso día trocará en noche sombría el meridiano arrebol; antes al ardiente Sol visitará la osa fría, 　que tu pensamiento vano me pueda, español, mover.
Pimienta	Pues tu rigor inhumano algún favor me ha de hacer. ¡Dame siquiera una mano!
Alima	Piensa que ablandar procura tu amor una peña dura.
Pimienta	Yo, ingrata, la tomaré.

(Quiere tomalle la mano.)

| Alima | Daré voces, y diré
al general tu locura. |

Pimienta	Tu resistencia es en vano;
	que estoy abrasado y ciego.
	¡Dame, enemiga, la mano!
Alima	¡Primero la diera al fuego!
	¡Aparta, necio villano!

(Sale Vanegas.)

Vanegas	¿Qué es esto, señor Sargento?
Pimienta (Aparte.)	(¡Cogióme otra vez!)
Vanegas	¿Qué intento
	le obliga a locura igual?
Pimienta	Diga el señor general
	si es injusto el fundamento
	con que tomarla quería.
Vanegas	¿Qué fue?
Pimienta	Quitarle un rubí
	de la mano pretendía;
	que pues que yo la prendí,
	cuanta hacienda tiene es mía.
Alima (Aparte.)	(¡Qué bien la trazó el traidor!)
Vanegas	¿Es esto así?
Alima	Sí, señor.
Pimienta	¿No basta que yo lo diga?

Vanegas (Aparte.)   (Aunque a sospechas me obliga,
                     disimular es mejor
                        y la ocasión evitar.)
                     Mora, no tienes razón;
                     que en llegando a cautivar,
                     el dominio y posesión
                     le da ya ley militar,
                        de cuantas prendas tenía
                     tu persona. Su porfía
                     fue justa; dale el rubí;
                     que por él te doy yo a ti
(Dale una sortija.) este diamante, que al día
                        competencia hermosa mueve.

Alima   Por tuyo le estimo más.

Vanegas (Aparte.)   (¡La mano al hielo se atreve!
                     ¡Oh, Amor! Con flechas de nieve
                     heridas de fuego das.)

(Alima da una sortija a Pimienta, y háblale aparte.)

Alima   Toma, y ve con advertencia
                     que debes a mi prudencia
                     el callar yo de esta suerte,
                     y que tengo de vencerte
                     solo con mi resistencia.

Vanegas   ¿Qué dice Alima?

Pimienta   Que tiene
                     gusto del rubí, señor,
                     y porque no lo enajene,

37

	me ofrece al doble el valor, si a mejor fortuna viene.
Alima (Aparte.)	(No vi jamás tal presteza en fingir.)
Vanegas	Pues el guardarlo no será mucha largueza.
(Aparte.)	(No me atrevo a rescatarlo por no mostrar mi flaqueza.)
Pimienta	Lo que Alima pide haré.
Vanegas	Señor sargento, bien ve que perder puede ocasión. Vuélvase a su ocupación; y plega a Dios que le dé tanta ventura la suerte como esta vez ha tenido.
Pimienta	Iré al punto a obedecerte.
(Sale Salomón.)	
Salomón	¡Gloria a Dios, que llego a verte!
Vanegas	¡Oh, Salomón! ¡Bien venido,
Pimienta (Aparte.)	(¿Acá ha vuelto este judío? ¡Quién lo cogiera!)
(Vase Pimienta.)	
Salomón	¿Aquí estás,

bella Alima?

Alima
           Dueño es mío
el general.

Salomón
                Que tendrás
presto libertad confío.

Vanegas
           Ven; que informarme de ti
me importa.

Salomón
                Con brevedad;
que he de irme al punto de aquí.

(Vase Salomón.)

Vanegas (Aparte.)   (¡Oh, soberana beldad!
defiéndame Dios de ti.)

(Vase Vanegas.)

Alima
              ¡Ay, gallardo general!
¿Qué he de hacer? Si callo, muero;
decir mi pena mortal
es liviandad, y no espero
que se duela de mi mal;
     que su entereza es terrible,
y tengo por invencible
su modestia y su valor.
Si no me matas, Amor,
facilita este imposible.

(Vase. Salen Amet y Azén.)

Amet	Ilustre Azén, Alcaide valeroso,
	cuyo poder, cuya esforzada mano
	a Marte mismo tiene temeroso,
	cuando excediendo al pensamiento humano
	sirve Amet Bichalin de cauta espía
	en medio del imperio castellano,
	y cuando los avisos que te envía,
	del español fabrican el estrago,
	y dan fuerza y defensa a Berbería,
	¿me das en Búcar tú tan justo pago,
	que me prendes el hijo, cuya fama
	discurre en su alabanza el aire vago?
	¿Qué loco engaño, qué furor te inflama
	que así en quien tiñe de África los ríos
	con la española sangre que derrama,
	fiero ejecutas tus airados bríos,
	ocasionando al noble y al villano
	a murmurar tan locos desvaríos?
	¡En la mazmorra oscura que el tirano
	fuero inventó marcial para suplicio
	y custodia cruel del vil cristiano,
	está preso Muley, que en tu servicio
	mil veces dio terror a cuanto Arcturo
	y Pólux miran en su opuesto quicio!
	Y ya que su valor no esté seguro
	de tal desprecio, su nobleza al menos,
	¿no debiera enfrenar tu pecho duro?
	Dilo tú:, ¿por ventura son más buenos
	en sangre, antig‚edad, lustre y hazañas
	los timbres de los reyes sarracenos?
Azén	Basta, Amet, basta; y mira que te engañas,
	si piensas que con ese atrevimiento
	mi furia aplacas y a Muley no dañas.

Al mismo Jove en su estrellado asiento,
si le pierde el decoro a mi grandeza,
moverá guerra mi furor violento.
    Tu hijo me ofendió. Ni tu nobleza
ni tu valor le eximen del castigo.

Amet   De inhumano te indicia tu fiereza.
                    Si al mismo Alá te muestras enemigo,
                si su poder blasfemas, ¿qué te espanta
                que te refrene tu mayor amigo?
                    De la amistad sincera la ley santa
                enseña a corregir tales errores.
                Quien no los reprehende, la quebranta.

Azén   Cuando son los amigos superiores,
                son también desiguales los respetos.
                No los han de reñir sus inferiores.

Amet   Has de advertir que iguala los sujetos
                distantes la amistad, si es verdadera,
                y así han de ser iguales los efetos.
                    y si tu obstinación te permitiera
                abrir de la razón los claros ojos,
                a Muley premio por castigo diera.
                    Mas tiénente tan ciego tus enojos,
                que la lisonja vil sola te agrada,
                del propio amor sujeto a los antojos.

Azén   Si con lengua también precipitada
                me pierdes el respeto, ¡vive el cielo,
                que pruebes tú también mi mano airada!

Amet   ¿Al morabito Amet, a quien el suelo
                venera, y de quien tiembla el libio adusto

y el scita de temor, más que de hielo,
se atreverá a ofender tu imperio injusto?
¿Conoces el poder y valor mío,
mi heroico pecho y corazón robusto?

Pues porque enfrenes el incauto brío
y temas tu ruina, y la sentencia
dañada mude ya tu pecho impío,
de parte del rigor y la potencia
inexhausta de Dios, te exhorto y cito
que de tus culpas hagas penitencia.

A Dios has blasfemado; tu delito
conoce y llora, Azén; perdón le pida
tu poder limitado al infinito
o verás brevemente convertido
en humo vil tu indómita braveza,
y en polvo leve tu arrogante vida.

Y porque siempre el cuerpo en la cabeza
padece, tocará a toda tu gente
el castigo también de tu fiereza.

Bañada se verá la África ardiente
por ti de tanta sangre sarracena,
que a Neptuno las ondas acreciente.

Azén   ¿Qué profético aliento desenfrena
tus labios, o qué espíritu divino
te informa a ti de mi futura pena?

Si sabes los decretos del destino,
¿cómo no has conocido que a mis manos
te trajo por tu mal tu desatino?
¡Moros, prendedle!

Amet   Son intentos vanos.
No debes de saber que el poder mío
excede, Azén, los limites humanos.

Yo sacaré del cóncavo sombrío
a mi hijo Muley, y en nube densa
le verás navegar el aire frío;
    y así sabrás si el cielo recompensa
el justo celo, honrando y defendiendo
a quien la vida pone en su defensa.

Azén   ¡Prendedle! ¿Qué tardáis? ¿Qué estáis oyendo
                más locuras?

Amet   ¿Quién puede tu sentencia
                ejecutar en mí, si a Dios defiendo?

(Saca a Muley de un escotíllón y juntos los dos, vuelan por tramoya.)

Azén   ¡Qué gran prodigio! El cielo su inocencia
                ampara, y con su hijo surca el viento.

Amet   ¡Alcaide, haz de tus culpas penitencia!

Azén   ¡Aguarda, espera, celestial portento!

                Fin de la primera jornada

Jornada segunda

(Sale Pimienta, de moros.)

Pimienta   Aquí, donde esta espesura,
del Sol jamás ofendida,
por opaca me convida,
y por sola me asegura,
    pues resisto al estatuto
de naturaleza en vano,
sueño, a tu imperio tirano
pagaré el común tributo.

(Recuéstase. Salen Azén y Zaide.)

Zaide   ¿Dónde vas desesperado
por estos campos?

Azén   Aquí,
donde mi gloria perdí,
quiero engañar mi cuidado;
    aquí espera mi tormento
hallar su prenda querida,
o que se pierda la vida
donde se perdió el contento.
    Cuando a la hermosa Canente
Circe de su bien privó,
allí donde lo perdió,
le dio principio a una fuente,
    y perdiendo el Sol dorado
a Dafne ingrata y cruel,
quiso del mismo laurel
andar siempre coronado.
    Así yo, aunque la memoria

me lastima del lugar,
me consuelo con llorar
donde he perdido la gloria.
    Ninfas de esta fuente fría,
deidades de esta aspereza,
si os mueve ajena tristeza,
¿cómo no sentís la mía?
    ¡Mas tente! Que un moro veo,
que goza aquí descuidado
de las lisonjas del prado
en los brazos de Morfeo.
    ¡Dichoso tú, que al tormento
hurtas con tal suspensión
la grave jurisdicción
que tiene en el pensamiento!
    ¿Quién puede ser quien aquí
con tal descuido se ofrece
al sueño?

Zaide   Noble parece,
porque un brillante rubí
    en el dedo lo pregona.

Azén   Zaide, Zaide, o el deseo
me engaña, o es la que
veo aquella dorada zona
    que el breve cielo del dedo
de mi enemiga ceñía.

Zaide   Dicha y desdicha sería;
que si es ella, pensar puedo
    por los indicios, señor,
que le ha dado, por roballa,
muerte a Alima.

Azén	¡Zaide, calla, que me matará el temor! Mírala bien.
Zaide	¡Es la suya, por Alá! Del blanco acero

(Quítale la espada a Pimienta.)

le despojaré, primero
que el sueño le restituya
  los sentidos; que podría,
defendiéndose, escaparse,
y fácilmente ocultarse
en esta selva sombría.

Azén	Prudente prevención es.
Zaide	Y aun fuera bueno prendello, echándole un lazo al cuello.

(Échanle una liga al cuello.)

No se nos vaya por pies.

Azén	Bien dices.
Zaide	Así asegura con su prisión nuestro intento.
Azén	Temblando está el pensamiento de lo mismo que procura. Las nuevas temiendo estoy

que busco de la que adoro.

Zaide   ¡Hola!

Pimienta   ¿Quién? ¿Quién es?

Azén   Un moro,
                  ¿no lo ves?

Pimienta (Aparte.)   (¡Perdido soy!
                     Sin duda me han conocido,
                  pues que me han preso.) ¿Qué quieres
                  de mí?

Azén   Que digas quién eres.

Pimienta   Un hombre soy, que perdido
                     en este espeso jaral,
                  al cansancio me rendí.

Azén   ¿Cómo es tu nombre?

Pimienta   Pi... alí,
                  de Marruecos natural.
(Aparte.)   (Pimienta le iba a decir.)

Azén   ¿A qué has pasado a esta tierra?

Pimienta   Un hijo perdí en la guerra,
                  que no puedo descubrir
                     aunque todas las fronteras
                  españolas he corrido.

Azén   ¡Ah, perro traidor!

48

                    Tú has sido,
por más que encubrirlo quieras,
     quien la dulce prenda mía
me robó; que este rubí
lo está publicando así,
que ella en el dedo traía;
     que yo soy Azén, villano.
¡Dame a Alima, o morirás!

Pimienta   Pues, Azén, ¿para qué estás
                  callando tu nombre en vano,
                       cuando yo, alcaide, he venido,
                  venciendo al viento, a buscarte,
                  solamente para darte
                  nuevas de tu bien perdido?
                       Dame albricias, y sabrás
                  dónde está tu dulce Alima.

Azén   Cuantas riquezas estima
                  el indio avaro tendrás,
                       si tu lengua no me engaña
                  en nueva tan venturosa.

Pimienta   Pues, señor, tu Alima hermosa
                  está cautiva.

Azén   ¿En España?

Pimienta   En Melilla. El general
                  Vanegas es dueño suyo.

Azén   Y yo soy esclavo tuyo,
                  pues de mi pena mortal
                       me libras. Yo mismo iré

a rescatalla. Mas di,
¿cómo vino ese rubí
a tu poder?

Pimienta   Traza fue
              de ella, porque ser podría
no creerme tú sin él.

Azén   Pues, ¿cómo al principio, infiel,
lo callabas?

Pimienta   No quería
              que de otro la nueva oyeses,
como no te conocí,
y las albricias que a mí
son tan debidas, le dieses.

Zaide   Verdad dice, al parecer.

Azén   Con todo, Zaide, la dudo;
que el español, ¿cómo pudo
dentro en mi tierra prender
              a Alima?

Pimienta   Ella me contó
              que andando a caza contigo,
en un monte, oculto abrigo
de las fieras, se perdió;
              y cierto cristiano espía
en traje moro, que sola
la halló en el bosque, engañóla,
y que a Fez la llevaría
              le ofreció; y ella, contenta,
que aborrece tu persona

Si te doy pena, perdona
a quien la verdad te cuenta,
	y conoce que la digo
en que no te lisonjeo.
Llevada, pues, del deseo
de su patria, a su enemigo
	se entregó, y él dio con ella
en la frontera.

Azén   ¡Ah, enemiga!
¡Cómo el cielo te castiga
el no sentir mi querella!
	Pues, ¿cómo la ingrata agora,
si me aborrece su pecho,
se acuerda de mí?

Pimienta   Sospecho,
alcaide, que ya te adora,
	según las perlas que vi
por sus dos mejillas bellas
llover de sus dos estrellas,
cuando me hablaba de ti;
	demás, que en la áspera vida
de esclava, no dudo yo
que adore lo que perdió,
justamente arrepentida,
	y ablande ya su rigor
por verse con libertad.

Zaide   Según las señas, verdad
te dice en todo, señor.

Azén   ¡Suéltale, Zaide, y su espada
le restituye!

Pimienta	Con ella cobraré tu amada bella, si al general no le agrada darla a rescate.
Azén	Al momento a Melilla he de partir. Tú, moro, me has de seguir.
Pimienta (Aparte.)	Solo servirte es mi intento. (¡De buena, por Dios, salí! No esconder la piedra fue gran error; mas no pensé que este desierto, sin mí, planta humana pisarla. El ingenio me ha valido, que al fin sin él nunca ha sido perfeta la valentía.)

(Vanse todos. Salen Amet, Muley y otros moros, y Zeilán.)

Zeilán	Duélete, si no de Azén, de tu patria desdichada.
Amet	Por ser de mí tan amada, moros, pretendo su bien. Si está enferma la cabeza, el cuerpo todo padece. Vuestro alcaide se endurece en su bárbara torpeza tanto, que ni mi razón ni los portentos que he hecho han obligado su pecho

a aplacar la indignación
  de Alá, a quien tiene ofendido
con su blasfema locura.
Y así, vuestra desventura
llorad —¡oh, pueblo querido!—
  pues por justa recompensa
vuestra sangre ha de inundar
los campos, para lavar
con ella su injusta ofensa;
  que yo no he de verle ya
ni vivir en su obediencia,
hasta que su penitencia
merezca perdón de Alá.

Zeilán   Pues, Amet, si tú te ausentas,
                       ¿quién nos podrá defender?
                       Si tú faltas, ¿no ha de hacer
                       a Dios mayores afrentas,
                         y aumentar más su furor?
                       Tu autoridad solamente
                       será el freno conveniente
                       a su loco y ciego error.
                         De tu patria, Bichalín,
                       ten lástima.

Amet   Amigos caros,
                       yo lo he de hacer por mostraros
                       que vuestro bien es mi fin.

Zeilán   Danos, pues vida nos das,
                       los pies.

Amet   Alzad. Tú a sus ojos,
                       para evitar sus enojos,

hijo, no vuelvas jamás.

Muley   Oye.

(Sale Pimienta, de moros, y Salomón, desde el paño, cada uno aparte.)

Pimienta (Aparte.)   (Alguna novedad
                         en el campo ha sucedido.)

Salomón (Aparte.)   (¿Qué suceso habrá traído
                         tal gente a tal soledad?)

Muley   Y así Daraja, señor,
                         pues por libranne padece
                         en la prisión, bien merece
                         que la libre tu favor.
                            Con eso acreditarás
                         los milagros de tu ciencia,
                         y con eso la imprudencia
                         de Azén amedrentas más.

Amet   Bien dices. Librarla quiero.
                         Famoso pueblo africano,
                         pues Azén, no como hermano,
                         mas como enemigo fiero
                            tiene a Daraja en prisión,
                         por daros a conocer
                         su injusticia y mi poder,
                         su delito y mi razón,
                            darle libertad intento.
                         Al cielo volved los ojos.
                         Veréis que los rayos rojos
                         rompe del Sol por el viento.

(Sale Daraja, bajando por tramoya al teatro.)

Daraja   ¿Qué es esto?

Zeilán   ¡Gran Bichalín,
                    soberano es tu poder!

Pimienta (Aparte.)   (El moro debe de ser
                    otro hechicero Merlín.)

Muley   Daraja hermosa, no estés
                    turbada, pierde el temor;
                    que efeto fue de mi amor
                    este milagro que ves.
                       Mi padre, de quien ya sabes
                    el más que humano poder,
                    aquí te quiso traer
                    por la región de las aves,
                       por pagar mi obligación,
                    y porque el rigor tirano
                    huyas de tu injusto hermano
                    saliendo de la prisión.

Daraja   Los pies, Bichalín, me dad
                    por tan alto beneficio.

Amet   Éste es pequeño servicio
                    en mi mucha voluntad.
                       Mas ya que libre te ves,
                    no vuelvas a Búcar. Mira
                    que te amenaza la ira
                    de Azén.

Daraja   Pisarán mis pies

antes del scita inhumano
entre sus flechas el hielo
y el fuego del libio suelo,
que la tierra de mi hermano.

Amet   Pues sigue en todo a Muley,
sin que nada te acobarde,
Daraja, y Ala te guarde.

(Vase Amet.)

Daraja   Su gusto será mi ley.
                      ¿Dónde iremos, dueño mío?

Muley   Escucha mi pensamiento.

Salomón (Aparte.)   (¿No es el que miro el sargento?
Él es.)

Pimienta (Aparte.)   (¿No es éste el judío?)

Salomón   ¡Oh, español valiente! ¿Vas
de vuelta a Melilla?

Pimienta   Sí.
¿Tú llegas agora aquí?

Salomón   A Búcar voy.
(Aparte.)   (No sabrás
                      que va a pedir Salomón
las albricias de su bien
al enamorado Azén.
No hurtes la bendición.)

56

Pimienta	Si al alcaide vas a hablar, tarde pienso que has venido.
Salomón	¿Cómo?
Pimienta	Habráse ya partido a Melilla a rescatar a su Alima.
Salomón	¡Triste yo! ¿Quién le dio la nueva?
Pimienta	Un moro, a quien mil cequies de oro alegre en albricias dio.
Salomón	Yo perdí gran ocasión.
Pimienta	¿Ibas a pedirlas?
Salomón	Sí.
Pimienta	Pues más diligente fui; no te quejes, Salomón.
Salomón	Pues, ¿fuiste tú el mensajero?
Pimienta	Fue mi dicha.
Salomón (Aparte.)	(¡Vive Dios, pues lo he perdido por vos, que yo os agarre el dinero!) Supuesto, amigo Sargento, que la ocasión he perdido,

	parto, de que tú hayas sido
	quien la ha gozado, contento.
Pimienta	Eres mí amigo, y lo fío
	de ti todo.
Salomón	¡A Dios te queda!
(Aparte.)	(Yo os pescaré la moneda,
	o no seré buen judío.)

(Vase Salomón.)

| Pimienta | ¡Oh, cómo es bella la mora! |

| Daraja | Todo tiene inconveniente. |

| Muley | No habrá cosa que no intente |
| | el que como yo te adora. |

Pimienta (Aparte.)	(¿La adora el perro? Ya empieza
	mi corazón a invidiar
	que haya un moro de gozar
	tan soberana belleza.
	Pues no ha de ser, ¡vive Dios!
	De modo lo trazaré,
	si puedo, que presto dé
	en Melilla con los dos.)
	¡Alá os guarde!

| Muley | Moro amigo, |
| | ¡con bien venido seáis! |

| Pimienta | De la aflicción en que estáis |
| | a justa piedad me obligo; |

que estimo vuestra nobleza,
gran Muley, cuando también
me ofende el rigor de Azén
y me mueve esta belleza;

y así quiero por agora
prestaros alivio, en tanto
que piadoso el cielo santo
vuestra fortuna mejora.

Tres leguas de aquí poseo
una pequeña alquería
tan oculta, que aun el día
tiene de verla deseo.

Allí albergaros prometo,
si con menos pompa y fausto,
con lugar menos infausto
y con regalo más quieto;

y allí, si el sitio os agrada,
de espacio podréis estar,
y si no, determinar
sin temor vuestra jornada.

Muley   ¿Con qué pagaros podremos
tanto bien?

Pimienta   Solo aceptarlo
es el modo de pagarlo.

(A Daraja.)

Muley   ¿Qué dices?

Daraja   Cuando nos vemos,
Muley, en tal soledad
sin remedio, sin amparo,

y afligidos, ¿no está claro
que ésta es del cielo piedad?
    ¿Dónde podremos mejor,
si Amor nos ha conformado,
dar fin a nuestro cuidado
y dar vida a nuestro amor?

Muley   Pues yo, Daraja querida,
                  ¿qué luz o qué norte sigo
                  sino tus ojos? Contigo
                  todo es gloria, todo es vida.
                      ¿Cómo es tu nombre?

Pimienta   Zeilán.

Muley   Pues, Zeilán, a tu alquería
                  estos dos esclavos guía.

Pimienta (Aparte.)   (¡Qué alegres a serlo van!
                      Sus palabras pronostican
                  su suerte.) Seguidme, pues;
                  que ya con alados pies
                  las sombras se multiplican.

Muley   Ya no temo adversidad.

Daraja   Ya mi esperanza logré.

Pimienta (Aparte.)   (Yo, perros, os quitaré
                  el gusto, y la libertad.)

(Vanse todos. Salen Alima, con un papel, y Arlaja.)

Alima   A mi gusto está el papel.

Arlaja	¿Qué intentas?
Alima	Arlaja, amor es ingenioso inventor de trazas, y así con él, si a mi afición corresponde Pedro Vanegas, intento que exhale llamas al viento el fuego que el pecho esconde. ¿No ves cómo calla, y sufre el bronce cóncavo, lleno de negra pólvora el seno, los efetos del azufre; y ves, Arlaja, que al punto que una centella le toca, vomita la ardiente boca trueno y rayo todo junto? Pues así oculta el valor los amorosos desvelos, hasta que el fuego de celos toca al alquitrán de amor; porque entonces, encendido el pecho en furor ardiente, revienta más impaciente cuanto fue más oprimido.
Arlaja	Según eso, ¿tú sospechas que te quiere el general?
Alima	O al amor conozco mal, o le han herido sus flechas; que aunque encubre sus enojos y reprime su pasión,

el fuego del corazón
da centellas a los ojos;
   y así intenta mi cuidado,
por no vivir tan dudoso,
que me descubra celoso
lo que calla enamorado.
   A la orilla de esta fuente
acostumbra venir solo
cuando sus rayos Apolo
esconde en el occidente;
   y aquí mi amor quedará
de sus dudas satisfecho.
Déjame sola; que el pecho
me dice que viene ya.

Arlaja   Como te dio la hermosura,
                      la suerte el cielo te dé.

(Vase Arlaja.)

Alima   Hoy por lo menos sabré
                      mi desdicha o mi ventura.
                         Mas ya viene el general.
                      Dormida me he de fingir;
                      que así podrá descubrir
                      él su amor y yo mi mal.

(Recuéstase con el papel en la mano. Sale Vanegas.)

Vanegas   Huyendo de la crueldad
                      de mi propio pensamiento,
                      salgo a decir mi tormento
                      a esta muda soledad,
                         por ver si así mi pasión

un pequeño alivio siente,
acrecentando esta fuente
lágrimas del corazón.
    Mas, ¿qué es esto? ¿No estoy viendo
la ocasión de mi cuidado?
¿Donde el remedio he buscado
hallo el fuego en que me enciendo?
    Durmiendo está la hermosura,
de amor glorioso trofeo.
¿Que los brazos de Morfeo
merezcan tanta ventura?
    ¡Huye el peligro que ves,
corazón! Intento es vano,
que me ha puesto amor tirano
dos montañas en los pies.
    No hay razón, no hay fortaleza,
resistencia ni valor
contra el imperio de Amor
y el poder de la belleza.
    Mas con la mano de nieve
competir quiere un papel,
y ya en mi pecho con él
celosa batalla mueve.
    Verlo quiero. Por ventura
hallaré algún desengaño
que ponga fin a mi daño
y remedio a mi locura;
    que aunque el amor es tan cierto
que con celos se acrecienta,
(Tómale el papel.)   tal vez la misma tormenta
da con la nave en el puerto.

Alima (Aparte.)   (¡Bueno va!)

Vanegas (Aparte.)   (Ni está firmado,
                                     ni es la letra de mujer.)

Alima (Aparte.)   (El papel quiso leer;
                         señal que le da cuidado.)

(Lee.)

Vanegas   «Según me siento obligado,
                         Alima, de tu favor,
                         te diera el alma, si Amor
                         no te la hubiera entregado.
                         Mas si un pecho enamorado
                         por paga debe tener
                         ser querido, de querer,
                         en mi firmeza verás
                         que aunque me quisieras más,
                         me quedas más a deber.»
                             ¿Quién puede ser —iay de mí!—
                         el que tan dichoso ha sido?
                         ¿Que hay quien haya merecido
                         que Alima le quiera?

Alima   Sí.

Vanegas   Sí, dijo mi hermoso dueño.
                         Dormida en mi mal ha hablado;
                         porque contra un desdichado
                         aun dice verdad el sueño.
                             Pues sin despertar responde,
                         lo demás le he de escuchar;
                         que el sueño suele explicar
                         secretos que el alma esconde.
                             ¿Amas, bella Alima?

64

Alima	Sí.
Vanegas	¿Y eres amada?
Alima	No sé.
Vanegas	¿Y en quién pusiste la fe, dudando, la suya?
Alima	En ti.
Vanegas	Y, ¿quién soy yo?
Alima	Mi señor.
Vanegas	Pues, ¿quién te escribió un papel, mostrándose de ti en él favorecido?
Alima (Despierta.)	Mi amor. ¡Ay de mí! ¿Quién es?
Vanegas	Tu dueño.
Alima	Señor...
Vanegas	Oyendo te he estado lo que dormida has hablado.
Alima	Defeto es ya que en el sueño suelo padecer, y así para encubrirlo deseo la soledad, y a Morfeo

me entregué por eso aquí.

Vanegas   Y, ¿qué soñabas?

Alima   Locuras.

Vanegas   Dímelas, por vida mía.

Alima (Aparte.)   (Algo siente, pues porfía.)
                   ¿A qué fin saber procuras
                   disparates e ilusiones?

Vanegas   Por ver si lo que soñabas
                   conforma con lo que hablabas.

Alima   Pues tal gusto en ello pones,
                     a obedecerte me inclino.
                   Soñaba que me querías,
                   y que tu amor me encubrías.
                   ¡Mira qué gran desatino!

Vanegas   ¿No puede ser?

Alima   Ni yo creo
                   que merezco que me quieras,
                   ni que, cuando me quisieras,
                   me encubrieras tu deseo,
                     siendo tu esclava.

Vanegas   Es verdad;
                   mas pudiera otra ocasión
                   con precisa obligación
                   oprimir la voluntad.
(Aparte.)   (Amor, no me aprietes más;

que el valor me desampara.)

Alima (Aparte.)   (Si agora no se declara,
no espero vencer jamás.

Vanegas   Prosigue.

Alima   También, señor,
soñaba que te quería,
y que mi amor te decía.
¿Qué disparate mayor?

Vanegas   ¿Por qué?

Alima   Porque no es razón
que la mujer, aunque muera,
se arroje a ser la primera
en descubrir su afición;
    que el hombre debe primero
dar cuenta de sus pesares.

Vanegas   ¿Digo yo que te declares?

Alima   Y, ¿digo yo que te quiero?

Vanegas   Pues, ¿digo yo que me quieras?

Alima   ¿Y yo digo por ventura
que lo has dicho?

Vanegas   ¿Era locura
muy grande que me quisieras?

Alima   Siendo querida de ti,

	fuera dichosa mi suerte.
Vanegas	Luego, si diese en quererte, ¿me amaras?
Alima	Pienso que sí.
Vanegas	¿Y si no?
Alima	No te quisiera.
Vanegas	Pues, ¿está en tu voluntad del amor la potestad?
Alima	El encubrirlo estuviera.
Vanegas	Pues, ¿cómo dijiste agora que me amaras si te amara?
Alima	Porque tu amor me obligara; que el ser amado enamora.
Vanegas	Haz cuenta que por ti muero.
Alima	Haz cuenta que te lo pago.
Vanegas	De eso no me satisfago.
Alima	Como me quieres te quiero.
Vanegas	¿Como te quiero me quieres?
Alima	Otra vez digo que sí.

Vanegas	Luego si muero por ti,
	¿es cierto que por mí mueres?
Alima	Digo que sí.
Vanegas	Pues hablar
	Podemos claro los dos.
	Yo te adoro.
Alima	¡Gloria a Dios
	que llegamos al lugar!
Vanegas	Venciste, Alima.
Alima	¿«Vencistes»,
	General?
Vanegas	¡Ojalá fuera
	tu afición tan verdadera!
Alima	Pues, ¿Cuál indicio resiste
	al amor que ya mostré?
Vanegas	No dudo, enemiga, en vano;
	que este papel en tu mano
(Tocan a rebato.)	niega en tu pecho la fe...
	Mas a rebato han tocado.
Alima	Oye la verdad.
Vanegas	Recelo
	que me engañas, pues el cielo
	a tal tiempo lo ha estorbado.

Alima	¿Luego dudas mi amor?
Vanegas	Sí.
Alima	Y yo el tuyo, pues te vas, y muestras que puede más tu honor que mi amor en ti.

(Vanse los dos. Salen Pimienta, de moros, Daraja y Muley.)

Pimienta	El breve espacio que resta del camino es tan fragoso por la copia de peñascos, jarales, ramas y troncos, que será fuerza aguardar la mensajera de Apolo, que de las sendas informe con sus rayos nuestros ojos. Y pues ya el cansancio pide que deis al cuerpo reposo, aquí puede a los cuidados hurtar instantes el ocio.
Muley	Bien dice, Daraja mía; descansen tus pies hermosos, antes que de envidia heridos, den púrpura a los abrojos.
Daraja (Recuéstanse todos.)	Contigo, amado Muley, no hay cansancio. Gloria es todo; que en su curso natural no se cansa Febo hermoso.
Pimienta (Aparte.)	(¡Qué tiernos están los perros!

No temen lo que dispongo.
Fingirme quiero dormido.)

(Sale Salomón.)

Salomón (Aparte.)   (Siguiendo con pasos sordos
vengo a Pimienta, por ver
si puedo pescarle el oro.
Alto parece que han hecho.
Sí, la maleza del soto
y oscuridad de la noche
pone a su jornada estorbo.
Mucho han andado y vendrán
cansados; y así es forzoso
que el sueño los haga iguales
a estos insensibles troncos.
Ésta es la ocasión que busco.
Llegaréme poco a poco,
pues mis pasos de los ramos
encubre el ruido ronco.

(Tienta a Muley y Daraja.)

Éste, supuesto que al lado
tiene a Daraja, es el moro.

(Tienta a Pimienta; ronca Pimienta.)

Éste es el sargento, sí.
¡Pese a tal, y que del todo
transportado, el contrapunto
lleva roncando a los olmos!
¿Mataréle? No; que armado
está siempre, y riesgo corro

si al primer golpe no muere;
que en fuerza y valor es monstruo.
Mejor será, pues que tiene
los sentidos tan remotos,
sin aventurar la vida,
pillarle el rubio tesoro.

(Tiéntale la faltriquera.)

aquí tiene el lobanillo;
curaréselo; vosotros,
mis dedos, servid de pinzas
en esta postema de oro.

(Mete la mano en la faltriquera; da un ronquido Pimienta.)

Quedito; que muda el son
el tañedor, y es forzoso
mudar el baile. Ya vuelve
a seguir el primer sono,
y yo le vuelvo a bailar.
¡Válgame Dios, y qué hondo
está este mundo!)

Pimienta   ¿Quién es?

Salomón (Aparte.)   (Todo lo he puesto del lodo.)

Pimienta   ¿Quién es?

Salomón   Salomón, sargento.

Pimienta (Aparte.)   (¡Ah, vil traidor!)

Salomón	Cuidadoso de verte con estos dos africanos venir solo, volví a seguirte; y agora que ya el sueño poderoso los ocupa, llegué a ver si a tus intentos importo.
Pimienta (Aparte.)	(Ya os entiendo.) El beneficio de tu amistad reconozco y los secretos del pecho me has adivinado.
Salomón	¿Cómo?
Pimienta	Para cautivarlos traje engañados estos moros, y por cogerlos dormidos, los engolfé en este soto.
Salomón	Pues tu valor, ¿necesita, para hacerlo, de ese modo?
Pimienta	Porque mientras ato al uno no se me escapase el otro, y por cogerlos más lejos de su tierra y el socorro, así lo tracé; y pues tú me ayudas, ya me dispongo al efeto, y partiremos los dos el rescate.
Salomón	En todo

te he de obedecer.

Pimienta   Pues tú
prende a Daraja y yo al moro.

(Hácenlo así.)

Muley   ¿Qué es esto?

Pimienta   ¡No te defiendas,
o morirás!

(Átanlos con las ligas las manos atrás.)

Muley   ¿De este modo
guardas la fe a quien de ti
se fió, moro engañoso?

Pimienta   Si de un moro os confíastes,
quejaos de mí, si soy moro;
pero si cristiano soy,
formad queja de vosotros.

Daraja   ¡Ay de mí! Muley, ¿qué es esto?

Muley   ¡Daraja, vendidos somos!

Daraja   ¡Ah, Mahoma!

Pimienta   ¡A qué buen santo
pide favor!

Salomón   Ese tonto,
que vedó el vino, ¿en qué puede

ser a nadie provechoso?

Pimienta   Si lo vedó, Salomón,
fue por bebérselo todo,
porque era un gentil borracho.

Salomón   No fue el arriero muy bobo.

Muley   ¡Ah, Mahoma! ¿Tal consientes?

Pimienta   Atémoslos a este tronco.

(Átanlos a un tronco.)

Salomón   ¿Qué intentas?

Pimienta   Veráslo presto.

Muley   ¡Ah, cielos poco piadosos!
¿Para mayores desdichas
por las esferas de Eolo
salimos de la prisión?

Salomón   Yo vuelvo rico y dichoso
con esta presa a mi patria;
que no daré lo que toco
de mi parte en mil cequies.
Esto es hecho.

Pimienta   Aun no están todos
atados.

Salomón   ¿Quién falta?

Pimienta	Hebreo,
	de lo ajeno codicioso,
	¿qué buscaban vuestras manos
	en mis faltriqueras?

Salomón	Solo
	conocerte en el vestido
	era mi intento.

| Pimienta | ¡Engañoso! |
| | No os han de valer enredos. |

| Salomón | ¡Plega a Dios, si fueron otros |
| | mis fines! |

| Pimienta | ¡No resistáis, |
| | si no pretendéis que roto |

(Átale las manos atrás.)

| | el pecho, la sangre vuestra |
| | riegue los pies a estos chopos! |

| Salomón | ¡Guay de mí! |

Pimienta	Piadosa pena
	doy a vuestro intento loco,
	pudiendo daros la muerte.

Salomón	Yo confieso que el demonio
	me engañó; pero perdona
	lo qué arrepentido lloro.

| Pimienta | ¡Llegaos aquí! |

Salomón	¿Qué pretendes?

(Átale a un tronco.)

Pimienta	El castigo será poco.

Salomón (Aparte.)	(Él quiere matarme a azotes.)
	¡Ah, Pimienta de mis ojos!
	Muestra el valor español
	en perdonar.

Pimienta	Ya os perdono
	la vida; mas quedaréis
	atado a este leño corvo
	hasta que venga el Mesías
	a libraros.

Salomón	Riguroso
	te muestras. ¿Quieres que sea
	pasto aquí de hambrientos lobos?

Pimienta	¡Ojalá lo fueran cuantos
	a tu ley viven devotos!
	Hubiera menos logreros.
	Pero ya el planeta intonso
	por crepúsculos de nácar
	presta al alba rayos de oro.
	Empezad a caminar
	y tened paciencia, moros.

Daraja	¡Que en un español cupiese
	tan gran traición!

Muley	¡Yo estoy loco!
Pimienta	Ardides son de la guerra.
(Aparte.)	(La morilla es como un oro.)

(Vanse Pimienta, Muley, y Daraja.)

Salomón	¡Pimienta, sargento mío,
	español, hombre, cristiano...
	Voces doy al aire vano.
	Aquí dio fin el judío.
	Madres, las que parís hijos,
	no los paráis si podéis,
	porque verlos excuséis
	en tormentos tan prolijos.
	Aquí el triste pecho mío
	dará su sangre a una fiera,
	si hay fiera acaso que quiera
	tener sangre de judío;
	o ya con hambre impaciente
	poco a poco al fin cruel
	llegaré. ¡Dichoso aquél
	que se muere de repente!
	¡Ah, Pimienta! ¡Quién te viera
	como yo estoy, afligido!
	Esto es hecho; que el ruido
	siento hacia allí de una fiera.
	Mas pienso que el temor hizo
	en mí tal efeto ya,
	que comer no me podrá,
	si no tiene romadizo.

(Sale Rodrigo, de cautivo cristiano.)

Rodrigo	Humanas voces he oído.
Salomón	¡Ay, triste!
Rodrigo	Un hombre está allí.
Salomón	¡Ya se acerca! Mas de mí el cielo se ha condolido; que es hombre. ¡Tened piedad, amigo, de un desdichado, que dejó a este tronco atado de un cristiano la crueldad!
Rodrigo	¿Sois moro?
Salomón	En Grecia nací; la ley sigo de Moisén.
Rodrigo	Pues el cristiano hizo bien. No por bueno os dejó así.

(Vase Rodrigo.)

Salomón	¿Pues sin desatarme os vais?
	No lo hiciera yo con vos.
	¡Volved, siquiera por Dios,
	si es que su nombre estimáis!
	    Él se fue. Ya desconfío
	del remedio. ¡Ay, desdichado!
	No puede ser un honrado
	en estos tiempos judío.
	    Mas él vuelve, o el deseo
	me engaña. ¡Tened, amigo,
	piedad de mí! Mas, ¿qué digo?

¡Que es un león el que veo!

(Un león llega a Salomón, él se vuelve y tira coces.)

¡Muerto soy! ¡A mi se llega!
¿No tuviera Salomón
—¡cielo!— en tan fuerte ocasión
patas de moza gallega?

(Vase el león. Sale Rodrigo.)

Rodrigo   ¿Qué es esto? ¡Sin seso está!
                              ¿Qué estás haciendo, judío?

Salomón   ¿Tú estás aquí, señor mío?
                              ¡Llega, desátame ya!

Rodrigo   Porque por Dios lo pediste,
                              volví a socorrerte.

Salomón   El cielo
                  te libre del desconsuelo
                  que ausentándote me diste.

Rodrigo   Mas, si verte libre quieres,
                              primero palabra y mano
                              me has de dar de ser cristiano.

Salomón   Seré lo que tú quisieres.
                              Mas tú, ¿quién eres, que das
                              indicios de ser de España?

Rodrigo   Del traje que me acompaña,
(Desátalo.)   mi suerte saber podrás.

De España y cristiano soy,
cautivo en África he estado
tres años, y rescatado,
agora a mi patria voy.
   Perdíme en esta espesura
por tu bien.

Salomón   Guardóme el cielo.
Si las sendas de este suelo
no sabes, por tu ventura
   me encontraste; que yo voy
a Melilla.

Rodrigo   Iré contigo.

Salomón   Seguro vienes conmigo.
¡Ah, Pimienta, libre estoy!

Rodrigo   Vamos, pues.

Salomón   Tu historia cuenta.
Cielos, pues de esta escapé,
sin especias comeré,
por no comer con pimienta.

(Vanse. Salen Vanegas y un soldado.)

Vanegas   ¿Que el mismo alcaide ha venido
al rescate?

Soldado   Sí, señor.

Vanegas   Es fineza de su amor.
¿Luego esos moros han sido

                              los que descubrió la espía
                              que el rebato causó ayer?

Soldado   Gran gente debe de ser
                              la que trae en su compañía.

Vanegas   Si viene de paz, en vano
                              ha pasado diligente
                              la noche entera mi gente
                              con las armas en la mano.

Soldado   Tan malas se las dé Dios
                              como él nos la ha dado, amén.

Vanegas   Entre en el castillo Azén.

Soldado   ¿Y su gente?

Vanegas   Solos dos
                                 le acompañen.

Soldado   La respuesta
                              voy a llevarle.

(Vase.)

Vanegas   Ya veo,
                              mi Dios, que el injusto empleo
                              de mi intención deshonesta
                                 impedís, pues dije apenas
                              a la mora mi afición
                              cuando el belígero son
                              me hizo ocupar las almenas;
                                 y antes que volviese a hablarla,

82

vuestro saber ha ordenado
que a Melilla haya llegado
el alcaide a rescatarla.

(Sale Azén.)

Azén

De España gloria y blasón,
¡Alá te guarde!

Vanegas

               ¡Con bien
vengas, valeroso Azén!

Azén

Fuera de que esta ocasión
  ha deseado y estima
mi pecho, por ofrecerte
firme amistad, a traerte
vengo el rescate de Alima.
  Mucho debes de estimarla;
pide gran suma, y verás,
general, que tardas más
tú en pedirla que yo en darla.

Vanegas

Ella viene.

(Sale Alima.)

Alima

           No permita
el cielo, Azén, que a tus manos
vuelva yo; de los cristianos,
del persa, el medo y el scita
  fuera víctima primero que
reina en tu compañía.

Azén

¿Tanto, hermosa prenda mía,

te ofendo porque te quiero,
    que por no pagar mi amor,
a ti misma te aborrezcas?

Alima   Cuando un diamante enternezcas,
ablandarás mi rigor.

Azén   ¿Para qué aguardo tu gusto?
Conforme a ley militar
me la debes entregar,
dándote su precio justo,
    general, o estas fronteras
verán en breves instantes
de mis lunas tremolantes
las africanas banderas.

Vanegas   Alima, tu intento yerra;
que yo te debo entregar
al rescate por guardar
las leyes de buena guerra,
    tanto como porque así
evito la que amenaza
hacer a esta fuerte plaza
el Alcaide; que aunque en mí
    no cupo jamás temor,
de su quietud el cuidado
tiene mi rey encargado
a mi lealtad y valor.

Alima (Aparte.)   (¡Ah, falso! No es firme amante
quien tan cobarde se muestra.)
También es en la ley vuestra
fuero inviolable y constante
    que al rescate no se dé

el qué quiera ser cristiano.

Vanegas   Eso es llano.

Alima   Pues si es llano,
de Cristo adoro la fe.

Vanegas   ¿Qué dices?

Alima   Que el Catecismo
romano sigo, y condeno
el Alcorán sarraceno,
y pido el santo bautismo.

Azén   ¡Esto más, cielo!

Vanegas   No, Alima.
Las circunstancias que veo,
me muestran que no es deseo
verdadero el que te anima,
    sino cauteloso intento
porque Azén no te posea;
y mi ley manda que sea
voluntario el movimiento
    del que quiere ser contado
en el gremio de su fe
y en ti, aunque niegues, se ve
que esta ocasión te ha forzado:
    y así, Alima, determino
entregarte.

Alima   General,
tu argumento fundas mal,
y probártelo imagino.

Con diversas ocasiones
de temores y portentos,
de asombros y de escarmientos
mueve Dios los corazones
a conocer lo perfeto
y buscar su salvación.
Violentos los medios son,
mas voluntario el efeto;
que no todas veces tiene
principio en sí este deseo;
antes las más, según creo,
de causa extrínseca viene;
que a los cautivos cristianos
de quien siempre me serví,
de vuestro Dios les oí
mil efetos soberanos.
Vosotros, ¿no llamáis santo
a un Pablo, que oyó en el viento
una voz, con cuyo acento
fue tal su medroso espanto,
que dejó su ley primera,
y la vuestra profesó?
Por ser de temor, ¿dejó
de ser su fe verdadera?
Luego en mí bien puede ser
el gran aborrecimiento
que tengo a Azén, instrumento
de que usa Dios para hacer
esta cierta conversión;
demás que a los hombres toca
juzgar solo por la boca,
y a Dios por el corazón.
¿Qué sabes tú si mi pecho
siempre a tu ley se inclinaba,

y viendo que me faltaba
resolución para el hecho,
    quiso Dios con tal suceso
obligarme a declarar?
El hombre no ha de juzgar
lo oculto, sino lo expreso.
    Yo digo firme y constante
que es Cristo autor de la vida,
y quiero ser admitida
en la iglesia militante.
    Si con lo que afirmo aquí
me das a los enemigos
de tu ley, haré testigos
a los cielos contra ti.
    Soldados, los que seguís
el católico estandarte
y del crucífero Marte
en la milicia vivís,
    ised testigos de que quiero
ser cristiana, y de que el nombre
de Cristo adoro, por hombre
y Dios solo y verdadero,
    y que vuestro capitán,
por temor de Azén, me obliga
a que vuelva donde siga
el error del Alcorán!

Azén   iQue esto sufra tu poder,
                        Mahoma!

Vanegas (Aparte.)   (Mi Dios, aquí
                        me dad favor; que de mí
                        sacrificio os he de hacer.)
                            Escucha, Alima.

(Habla aparte con ella.)

Alima   ¿Qué quieres?

Vanegas   Si es el tenerme afición
de ese intento la ocasión,
desengáñate, y no esperes
    correspondencia jamás;
que si por dicha sospechas
que me han herido tus flechas,
engañada, Alima, estás.
    Todo fue burla y ficción
cuanto dije, y cuando fuera
cierto mi amor, no pudiera
dar efeto a mi afición,
    siendo mora y yo cristiano;
ni cristiana, por pensar
que quieres serlo por dar
remedio a tu amor tirano.
    Con esto, si en tu mudanza
obra amor y no verdad,
no impida tu libertad
esa imposible esperanza.

Alima   Necio estás de confiado.
¿Luego tú te has persuadido
ni que tu amor he creído,
ni que mi amor te he entregado?
    «Como me quieres, te quiero»,
te dije; y pues yo sabía
que tu pecho lo fingía,
no fue mi amor verdadero.
    Y así, tu sospecha es vana;

que mi libre voluntad
trueca mora libertad
por esclavitud cristiana.

Vanegas   ¿Afírmaste en eso?

Alima   Sí.

Vanegas   Pues Dios me dé su favor;
que la vida y el honor
es poco arriesgar por ti,
     pues Él murió por salvarte.
Ya Azén, has visto mi pecho,
y que por servirte he hecho
cuanto, pude de mi parte.
     Mas tú la resolución
de Alima has visto; y así,
el no entregártela, en mí
es precisa obligación.

Azén   ¿Tú quieres que los alfanjes
de la región africana
le den más sangre cristiana
a Neptuno que agua el Ganges?
     ¿Quieres por una mujer
perder la vida y honor?

Vanegas   Moro, yo tengo valor,
que no teme tu poder;
     y aunque toda Berbería
venga talando y rompiendo,
la causa de Dios defiendo,
y él defenderá la mía.

Azén	Pues presto volveré a verte con más moros que ve el Sol átomos.
Vanegas	Un español a todos dará la muerte.
Azén	Tú, cruel, presto has de estar en mi poder.
Alima	Ya te espero; que por lo mal que te quiero, yo misma te he de matar.

Fin de la segunda jornada

Jornada tercera

(Salen Vanegas y Arellano.)

Vanegas	Este cuidado me tiene desvelado.
Arellano	Con razón; mas pues toda la legión de tus soldados conviene en que es justo defender a Alima, pierde el cuidado, pues queda bien aprobado con eso tu parecer.
Vanegas	Ya he escrito a su majestad sobre el caso, y quiero agora de la intención de la mora averiguar la verdad. En esta fuente, que al mar las blancas orillas lava, con otras la hermosa esclava suele venirse a parlar. Y entre estas ramas oculto quiero oír lo que platica, y ver si a Dios sacrifica verdadero y firme culto; que si descubro que es vano y engañoso fingimiento por más que proteste, intento darla al punto al africano.
Arellano	Es prevención conveniente.

Vanegas	Ya comienzan a venir.

Arellano	Pues voyme, por no impedir
	lo que has trazado.

Vanegas	¡Detente!
	Que antes quiero que conmigo
	te escondas también, y veas
	el suceso, porque seas,
	si nos engaña, testigo.

(Retíranse. Sale Daraja.)

Daraja	Sin efeto solicitas
	mi mal, Fortuna, y mis quejas,
	puesto que a Muley me dejas,
	si la libertad me quitas.
	Piadosa fue tu crueldad;
	que entre las glorias de amor,
	ni me ofende tu rigor,
	ni lloro mi libertad.

(Sale Pimienta.)

Pimienta (Aparte.)	(Tanto, del amor vencido,
	me falta ya la paciencia,
	cuanto de la resistencia
	de esta bárbara corrido.
	La soledad mi intención
	favorece. Llegar quiero
	que pechos vence de acero
	la porfía y la ocasión.)

Vanegas (Aparte.)	(Ésta es Daraja, y tras ella

viene el Sargento. Su intento
presumo, porque el sargento
es lascivo, y ella es bella.
    Pesaráme, si es así,
que éste su fragilidad
entienda.) Con brevedad
buscad a Alima, y aquí,
    decid que la está aguardando
Daraja.

Arellano   A servirte voy.

(Vase.)

Pimienta   Mora, si ves que me estoy
en tu afición abrasando...

Vanegas (Aparte.)   (Ved si me engañé.)

Daraja   ¿A cansarme
vuelves, sargento, de nuevo?
¿Tan buenas obras te debo,
que esperas que has de obligarme?

Pimienta   La libertad te quité,
enamorado de ti,
por gozarte, y siendo aquí
pagado, te la daré.
    Traza fue de amor, no injuria;
mi codicia fue afición;
amanse tu corazón,
mora, la enojada furia,
    y libertad gozarás,
y juntamente contigo

a darla a Muley me obligo.

Daraja   A buen precio nos la das.
                Afrenta de los cristianos,
                no te canses; que primero
                me darán con duro acero
                la muerte mis propias manos.

Pimienta   ¡Muévete ya...!

Daraja   ¡Antes de aquí
                estos montes se movieran!

Pimienta (Aparte.)   (¡Qué honrada mora! ¡No fueran
                las españolas así!)
                    ¡Mira que estoy abrasado!
(Arrodillase.)   ¡Muévate ini justo ruego!

Vanegas (Aparte.)   (¡Lo que puede el amor ciego!)
                ¿Qué es esto?

Pimienta (Aparte.)   (Soy desdichado.)
                    A persuadirla me ayuda
                ya que a buen tiempo has venido.
                Arrodillado le pido
                que pues propósito muda,
                    y pide bautismo Alima,
                se convierta ella también;
                que obliga a quererla bien,
                y ver su error me lastima.

Daraja   ¿Hay hombre más engañoso?
                Señor...

Vanegas	El crédito en vano
	le quitas, porque un cristiano
	español y valeroso
	no puede engañar. ¿Qué agravio
	te ha hecho en aconsejarte
	lo que tanto ha de importarte,
	para que intente tu labio
	con indignación igual
	vengarse de él ofendido?
Pimienta	Parece que le he pedido
	algo que a ella le esté mal.
Daraja	Oye.
Vanegas	¡No me digas nada!
Daraja	¡Vete! Con el poderoso,
	siempre el engaño es dichoso,
	y la verdad desdichada.

(Vase Daraja.)

Pimienta (Aparte.)	(¿Que siempre me ha de coger
	así el general? Yo creo
	que es sombra de mi deseo.
	¡Bueno quedara, a no ser
	en fingir tan ingenioso!)
Vanegas	Por la guerra que amenaza
	el moro Azén a esta plaza,
	sargento, será forzoso
	que al punto a Búcar partáis
	a vuestro oficio de espía,

y que de allí cada día
avisos me remitáis,
    sin que hasta el fin del suceso
salgáis de ella.

Pimienta (Aparte.)   (¡Qué rigor,
cuando abrasado de amor
de Daraja, pierdo el seso!
    Mas aun bien que mi deseo
siempre tan fácil ha sido,
que ausente luego me olvido,
y amo solo cuando veo.
    Disimular me conviene,
pues resistir es en vano.)

Vanegas   El alférez Arellano
os acompañe, que tiene
    valor, y el idioma sabe
arábigo, porque él quiero
que sirva de mensajero
en negocio que es tan grave;
    y el judío Salomón
algunas veces podrá
serlo también.

Pimienta (Aparte.)   (Si no es ya
excremento de un león.)

Vanegas   Pártanse luego.

Pimienta   Un momento
no tardaremos los dos
en obedecerte.

Vanegas	Adiós,
	y otra vez, señor Sargento,
	puesto que de Cristo adora
	las eternas maravillas,
	no se ponga de rodillas
	a convertir otra mora.

(Vase Vanegas.)

Pimienta	Sin duda entendió mi intento.
	Por buen modo me ha reñido,
	sin darse por entendido
	de mi loco pensamiento.
	Mas obras son de amor ciego.
	No habrá quien de ello se admire,
	o la primer piedra tire
	quien no ha sentido su fuego.

(Vase Pimienta. Salen Salomón y Rodrigo.)

Salomón	Ya cubren los verdes campos
	los escuadrones marciales,
	y a las templadas cajas
	dan ronco estruendo a los aires.
	Espejos prestan al Sol
	los aceros relumbrantes,
	y al suelo dan primaveras
	los vistosos tafetanes.
Rodrigo	Y, ¿contra quién apercibe
	sus armas el fiero Marte?
Salomón	A Melilla va a cobrar
	su amada Alima el alcaide;

mas han de darse primero
la batalla en este valle
él y Abenyúfar, un moro
de Fez, que de Alima es padre,
porque Azén se la robó,
y de ello viene a vengarse,
de su rey favorecido,
con quien más que todos vale.

(Salen Azén y Zaide, con moros y cajas por una parte; y por otra, Abenyúfar, con moros y cajas.)

Azén   Óyeme atento primero,
Abenyúfar, que a vengarte
brille del airado Marte
desnudo al Sol el acero.
   No juzgues grave el error
de haber a Alima robado.
Si alguna vez te ha tocado
el loco incendio de amor,
   disculpar debe mi intento
también la ofensa amorosa,
pues que fue hacerla mi esposa
el fin de mi atrevimiento.
   Y si en dichosa igualdad
no es dueño ya de mi mano,
culpa su rigor tirano,
no mi firme voluntad.
   Probada está mi intención,
si el tiempo que la he tenido
en mi tierra la he servido
con tan alta estimación,
   que nunca a su honestidad
se ha atrevido mi deseo,

hasta que en dulce himeneo
poseyera su beldad.
   Agora, Abenyúfar, pues
que ella está en poder ajeno,
y para cobrarla ordeno
el ejército que ves,
   ¿de qué servirá perder
las fuerzas de nuestra tierra,
si la causa de la guerra
queda en ajeno poder?
   ¿Cuánto es mejor que juntemos
los campos, y brevemente
cobre a Alima nuestra gente,
y a Melilla conquistemos?
   Que cumplida esta esperanza,
podrá, si mi amor no estima,
ni me da la mano Alima,
tomar la tuya venganza.

Abenyúfar

Azén, por haber creído
que era tu amor deshonesto,
el bruñido arnés me he puesto,
y el corvo alfanje he ceñido;
   que es difícil de creer
que quien a Alima robó,
quien la ocultó y conquistó
sin defensa y con poder,
   ni a su honor y honestidad
el decoro haya perdido,
ni con mano de marido
venciese su voluntad.
   Y más cuando ella en tu mano
gana tanto; pero ya
que, como dices, será

el hacerte guerra en vano,
    por estar la causa hermosa
cautiva, y tu amor desea
cobrarla, para que sea
en paz tu adorada esposa;
    por eso, y por lo demás
que alegas, de tu delito
dilato, que no remito,
la pena; mas no podrás
    librarte de ella si Alima
niega lo que has dicho aquí,
y está ofendido de ti
el honor que tanto estima

Azén   Si lo negare, me obligo
                    a la pena de mi exceso.

Abenyúfar   La mano te doy con eso
                    de aliado, no de amigo,
                        mientras no me satisfaces.

Azén   Presto verás mi verdad.

Abenyúfar   Pues a Melilla marchad.
                    Treguas hago, que no paces.

(Salen Pimienta y Arellano, de moros.)

Pimienta   Gran ejército ha juntado
                    el moro.

Arellano   Y pues le acompaña
                    el de Fez, a toda España
                    puede poner en cuidado.

Salomón (Aparte.)   (El sargento es el que miro
y el alférez. ¡Vive Dios,
pues me la deben los dos,
que no han de hacerme otro tiro!)
   Famoso alcaide, el cristiano
que robó a Alima es aquél;
y el otro que está con él
el alférez Arellano.

Azén   Pagarán las penas mías
con las vidas, ¡vive Dios!
¡Moros, matad a esos dos,
que son cristianos espías!

(Acuchíllanlos.)

Pimienta   ¡Vendidos somos! ¡Valednos,
Madre de Dios!

Azén   ¿Dos cristianos
se os defienden, africanos?

Arellano   ¡Virgen santa, socorrednos!

(Sale Amet.)

Amet   ¡No los matéis! ¡Deteneos!

Azén   ¿Tú me resistes?

Amet   Azén,
solo a disponer tu bien
se encaminan mis deseos;

y te he dicho ya otras veces
que irritas el santo cielo
en tu daño cuando el suelo
con sangre humana humedeces.
Préndelos, y no los mates.

Azén   Ya me enfadan tus porfías,
cansan tus hechicerías,
y ofenden tus disparates.
      ¿Tú los defiendes? ¿Qué ley
te obliga, Amet, si éstos son
por quien están en prisión
Daraja, Alima y Muley?

Amet   Bien pudieras haber visto
la verdad que afirmo en eso,
pues viendo a mi hijo preso,
a la venganza resisto;
      y así quiero persuadirte
que no les des muerte. Mira
que irritas de Dios la ira,
y tarde has de arrepentirte.

Azén   Eso mismo mi furor
aumenta, y yo con mis manos
he de matar los cristianos:
verás que es vano temor
      el que te acobarda.

Arellano   Ya
no me puedo defender.

Azén   Líbrete de mi poder,
si de esto se ofende, Alá.

(Vale a dar Azén, y vuélvese Arellano en árbol por tramoya.)

Mas, ¿qué es esto, cielo airado?
¿Hasta en esto me hacéis guerra?

Salomón   O le ha tragado la tierra,
               o en árbol se ha transformado.

Amet   Mira agora si te engaño.

Azén   Todas son hechicerías
               tuyas.

Amet   Tus locas porfías
               van maquinando tu daño.

Moro   En vano de un campo entero
               quieres solo defenderte.

Pimienta   ¡Ah, perros!

(Huye y síguenle algunos moro.)

Azén   Ni le deis muerte
               tan brevemente; que quiero
                    que se la den mil tormentos.

Amet   ¿De tan poco fruto han sido
               en tu pecho endurecido
               persuasiones y portentos?

Azén   Ni me acobarda tu encanto,
               ni al cielo enojado temo.

103

Amet	Enfrena el furor blasfemo,
	con que a Dios ofendes tanto.
	Mira que te sufre, no
	porque su inmenso poder
	no te pueda deshacer
	también, como te formó,
	sino por ser su creatura;
	que al fin como padre intenta,
	más que castigar su afrenta,
	dar remedio a tu locura.
Azén	Amet, si su omnipotencia
	solicita mi remedio,
	no ha sido acertado medio
	apurarme la paciencia
	privándome de mi Alima.
	No me prediques en vano.
	Muera el infame cristiano
	en esta profunda sima
	rabiando, como yo rabio,
	pues por él perdí mi bien,
	o líbrele el cielo!

(Coge Azén del vestuario un hombre vestido como Pimienta, y échalo por un escotillón, y Pimienta aparece luego en lo alto del vestuario.)

Pimienta	Azén,
	en vano intentas mi agravio,
	si Dios me quiere guardar.

(Vase Pimienta.)

Azén	¿Qué es esto?

104

Salomón	El cristiano mismo
	que de esta mina al abismo
	acabaste de arrojar,
	está en la cumbre del monte.

Azén   ¡Rabiando estoy!

Amet   ¡Sarracenos,
cuyas lunas amenazan
al Sol del cristiano imperio!
Pues tan claras experiencias
de milagrosos portentos
veis que no mueven de Azén
el duro y rebelde pecho;
vosotros, si estos prodigios
han persuadido los vuestros,
obligad a vuestro alcaide
a que admita mis consejos.
Mirad que os lleva, paganos,
a dar guerra al mismo cielo;
que a la voluntad de Alá
y a su poder vais opuestos.
Si le adoráis y teméis,
y si algún crédito tengo,
por mis obras, con vosotros,
yo os exhorto y amonesto
que mis consejos sigáis;
pues con mi ciencia a poneros
sin estrépito marcial
dentro en Melilla me ofrezco.
Abiertos tendréis sus muros,
y a los cristianos en ellos
sin armas, y de tal suerte

sus bélicos instrumentos,
que aunque den fuego a las piezas,
las balas no impela el fuego
antes que dentro en la cerca
esté vuestro campo entero.
Esto prometo cumpliros;
y ved si engañaros puedo,
cuando de mi caro hijo
la libertad me va en ello.
Y porque del todo estéis
seguros de mis intentos,
yo quiero entrar de Melílla
en los muros el primero.
¿Qué respondéis, africanos?

Todos   Que todos te seguiremos.

Azén (Aparte.)   (Contra mi conspirarán,
                           si a Bichalín no obedezco.)
                           Yo también, valientes moros,
                           sus pareceres apruebo;
                           que si hasta aquí resistía,
                           fue por temor de ofenderos.

Amet   Pues dos condiciones solas,
                           si conseguir el efeto
                           queréis, os he de poner.

Azén   Dilas, Amet.

Amet   Lo primero
                           es que no habéis de ofender
                           los cristianos, y el intento
                           se ha de emprender sin que tiña

sangre humana el blanco acero.
Ésta es voluntad de Alá,
porque a su piadoso pecho
la bárbara guerra ofende
y el homicidio sangriento;
que como el hombre es criatura
en que echó su amor el resto,
le enoja que ellos deshagan
sus más amados efetos.
Y así, pues yo os aseguro
y en fe de lo que os prometo,
precursor vuestro he de ser
y os doy por prenda a mí mesmo,
he de ir en esto también
seguro del cumplimiento;
y para estarlo, mirad
que os apercibo y advierto
que ni flecha, ni arcabuz,
ni alfanje, ni otro pertrecho
de guerra habéis de llevar;
que un puñal el más pequeño
será del rigor de Alá
y vuestro daño instrumento.
La segunda condición
que os propongo, sarracenos,
es que habéis de confesar
un solo Dios verdadero,
negando a Mahoma el culto,
que al Autor del universo
tiraniza injustamente
en los otomanos reinos.
¿Qué me respondéis? ¿Calláis?
Si hasta agora no me dieron
crédito firme en vosotros

las maravillas que he hecho
en la tierra, y pretendéis
ver señales en el cielo,

(Parece un cometa en lo alto, como lo refiere la letra.)

ved el crinado cometa,
que, la esfera discurriendo,
acredita mis verdades
y amenaza vuestros yerros.
Ved cómo a mi mano envía

(Cae por tramoya una bandera colorada, con medias lunas, en la mano de Amet.)

el Dios de los firmamentos
el guión con que me nombra
por caudillo suyo y vuestro.
¿Daréisme crédito agora?

Azén   Cuando tus milagros vemos,
                  ¿quién podrá no obedecerte?

Zaide   Todos estamos sujetos
                  a tu voluntad.

Otro   Guardar
                  tus condiciones queremos.

Amet   Pues decid que confesáis
                  que un Dios solo tiene el cetro
                  de ambos mundos, y Mahoma
                  no es profeta verdadero.

Todos	Si decimos.
Azén (Aparte.)	(Mas, ¿qué importa? Que Él sabe nuestros intentos.)
Zaide (Aparte.)	(Los corazones lo niegan.)
Otro (Aparte.)	(No lo confiesan los pechos.)
Amet	Todos, pues, os despojad de las armas, y diciendo «Alá te oiga, Amet», seguid la bandera que os dio el cielo.

(Vase Amet.)

Todos	Alá te oiga, Amet.
Azén (Aparte.)	(Que Azén lleva en el alma el infierno.)

(Vanse los moro.)

Rodrigo	Salomón, de estos prodigios estoy turbado y suspenso.

(Vase Rodrigo.)

Salomón	Y a mí me espantan de suerte, que voy húmedo de miedo.

(Sale Pimienta, de moro.)

Salomón (Aparte.)	(Mas, ¿qué he de hacer? ¡Ay de mí,

que me ha cogido el Sargento,
y si ha entendido mi intento,
acaba conmigo aquí!
  Haré del ladrón fiel.)
Sargento amigo.

Pimienta   ¡Judío!
¿Vivo estás?

Salomón   Y el pecho mío,
aunque fuiste tan cruel,
  se ha holgado de la piedad
que ha usado el cielo contigo.

Pimienta   ¡Dios te guarde!

Salomón   Soy tu amigo;
no pagas mi voluntad.
  Mas dime, ¿cómo te atreves
a poner a riesgo igual?

Pimienta   Obedezco al general.

Salomón   A fe que no se lo debes.

Pimienta   ¿Cómo?

Salomón (Aparte.)   (Yo le quiero dar
con un inventado enredo
pesares, pues no me puedo
con otro medio vengar.)

Pimienta   ¿Dudas decirlo?

Salomón	El secreto antes me has de prometer, si de mí lo has de saber.
Pimienta	Di; que yo te lo prometo.

Salomón	Cuando dio la compañía
	al sargento don Guillén,
	diciéndole que también
	tu valor la pretendía,
	  dijo con mucho desprecio:
	«Pues aunque son amarillos
	cagajones y membrillos,
	¿no echará de ver el necio
	  que hay diferencia en los dos?»

Pimienta	¿Eso dijo?
Salomón	Yo lo oí y en el alma lo sentí.
Pimienta	¡Que tal sufro! ¡Vive Dios, si a pisar vuelvo el castillo, que he de decirle en su cara, aunque el vivir me costara, que Pimienta es el membrillo!
Salomón (Aparte.)	(Pimienta lleva pimienta. Lindamente lo creyó; pues tan mal rato me dio, llévese éste para en cuenta.)

(Vanse. Sale Vanegas.)

Vanegas	Gracias os doy, sacro Autor
	de las causas, que me veo
	vencedor de mi deseo,
	de mí mismo vencedor.
	Gracias, os doy justamente;
	que a vos, y no a mí, la gloria
	debo de tan gran vitoria;
	que de un furor tan ardiente
	solo librarme podía
	vuestro auxilio. En tal acción
	vuestra fue la ejecución;
	sola la intención fue mía.
	Con Daraja hablando viene
	Alima. Escucharlas quiero;
	que saber si es verdadero
	su nuevo intento conviene,
	para resolverme así
	a darla o a defendella.

(Retírase. Salen Alima y Daraja.)

Alima	Confieso, Daraja bella,
	que despechada fingí,
	por librarme de tu hermano,
	que ser cristiana quería.

Vanegas (Aparte.)	(¿Luego la sospecha mía,
	falsa mora, no fue en vano?
	Entregaréla al momento
	al Alcaide, y cesará
	esta guerra.)

Daraja	Pues si ya
	conseguiste así tu intento,

¿por qué agora la verdad
no declaras, y has querido,
cuando tu padre ha venido
a darte la libertad,
    ser esclava del cristiano
más que volverte a gozar
sus regalos, si has de estar
libre con él de mi hermano?

Vanegas (Aparte.)   (Sola esta respuesta espero.)

Alima   Investigables caminos
son, Daraja, los divinos.
La lengua sola primero
    con engañosa intención
pidió el bautismo; mas luego
no sé cómo llegó en fuego
de la boca al corazón.
    Por no descubrir mi engaño,
por cumplimiento pasé
el catecismo, y hallé
gusto tan nuevo y extraño,
    tal gozo el alma sintió
en su patente verdad,
que en ella la falsedad
del Alcorán conoció;
    y así, no podrá la muerte
mudar ya mi firme intento.

(Mostrándose.)

Vanegas   Y yo moriré contento,
Alima, por defenderte.

Alima	¿Nos has escuchado?
Vanegas	Sí,

y el gran gozo me enloquece,
de saber que no enflaquece
ese propósito en ti.
    Venga toda Berbería,
que en Dios mi esperanza fundo,
y no hay poder en el mundo
contra aquél que en Dios confía.

(Vase Vanegas.)

Alima (Aparte.)   (No se inclinó a tu valor,
general, mi pecho en vano,
si bien ya a tu amor humano
vence en mí el divino amor;
    y cuando no en sus precetos
sus verdades conociera,
claramente las leyera
en tan extraños efetos.)

(Sale Arlaja.)

Arlaja   Prevénme albricias, Daraja,
de las nuevas de tu bien;
que contra Melilla Azén
con gran ejército baja.
    Hoy antes que pase el día
esta plaza sitiará.

Daraja   Amor su sangre me da,
desamor su tiranía.

114

Arlaja	Ven a saber novedades al castillo.
Daraja	Ven, Alima.

(Vase Daraja.)

Alima	Daraja, mi fe te estima; mas perdonen las crueldades de Azén, porque hoy esta mano al moro dará a entender cuánto puede una mujer que anima valor cristiano.
Arlaja	¿Date, Alima, ese valor el amor del general?
Alima	No, Arlaja, no, porque mal humano y divino amor caben en un pecho mismo. Otra soy de la que fui; solo el de Dios arde en mí, solo aspiro ya al bautismo.

(Vanse las dos. Salen Vanegas, Pimienta, Salomón, Arellano y soldados.)

Vanegas	¿Que hace tan nuevos portentos y tan extraños prodigios el morabito, y que tú en tanto riesgo te has visto?
Pimienta	Sí, yo por servir al rey me he puesto a tantos peligros; que yo, señor general,

soy membrillo, y tan membrillo,
que, ¡voto a Dios!...

Vanegas   ¿Qué es aquesto?
¿Qué decís, Sargento?

Pimienta   Digo
que soy membrillo, y que fuera
de vos, que al fin os estimo
por mi general, si alguno
hubiere pensado o dicho
que no soy membrillo yo,
como un cobarde ha mentido.

Vanegas (Aparte.)   (Sin duda ha perdido el seso.)

Salomón   Señor, por todo el camino
ha dado en esta locura.

Vanegas   ¡Qué gran lástima!

Salomón   El juicio
perdió de temor de verse
en aquel mortal peligro.

Vanegas (Aparte.)   (Consintamos con su tema
para sosegarle.) Digo
que eres membrillo, Pimienta.

Todos   Todos también lo decimos.

Pimienta   Eso sí; que ya con eso
quien lo afirmó se ha desdicho;
y entiéndame quien me entiende.

Vanegas (Aparte.)	(¡Qué compasión!)
Arellano (Aparte.)	(¡Qué delirio!)
Vanegas	Prosigue tu relación.

Arellano

Digo que le ha prometido
el morabito al alcaide
que por sus artes y hechizos
tendrá patentes las puertas
de esta cerca, y al castillo
llegarán sin resistencia;
que estaremos impedidos
por sus encantos de suerte
para el marcial ejercicio,
que ni el acero dé heridas,
ni al aire balas los tiros,
ni la pólvora ni el fuego
usen del ardiente oficio.
Púsoles dos condiciones,
que, aunque duras, al fin hizo
que a cumplirlas se obligasen
la fuerza de sus prodigios.
Una, que vengan sin armas
a la empresa, y sin herirnos
nos sujeten, porque Dios
se ofende del homicidio.
Otra fue que confesasen
un Dios solo, y el divino
culto a Mahoma le nieguen
como a profeta fingido.
Hiciéronlo así, y diciendo:
«Dios te oiga, Amet», por caudillo

le siguen; y hoy llegarán
sin duda a verse contigo.

Vanegas (Aparte.)   (Este morabito es ángel,
o el orden se ha pervertido
del mundo. De estratagema
he de usar; que este judío
es doble espía.) ¿Qué es esto,
cielos? ¿Tanto os he ofendido,
(Finge que llora.)   que deis fuerza contra mí
a diabólicos hechizos?

Pimienta   ¿Lloras, general valiente?
Eso sí es no ser membrillo.

Vanegas   Llorar de honrado es valor;
que de morir no me aflijo,
sino de ver que la suerte,
que mi esfuerzo ha conocido,
trace medios sin defensa,
con que el honor y el castillo
pierda, que en mis hombros
puso el católico Filipo.
Vuelve, Salomón, al campo,
y al alcaide berberisco
di que le daré su hermana,
y al morabito su hijo,
y de plata diez mil onzas,
solo porque sus hechizos,
antes que a Melilla, asalten
otro cristiano presidio;
que solo ser el primero
siento más, por el peligro
que con mis émulos corre

la opinión del honor mío.

Salomón   Parto a servirte.

Vanegas   ¡Volando,
que se acerca el enemigo!

(Vase Salomón.)

Pimienta   ¿Que así muestres cobardía?

Arellano   Todos estamos corridos.

Vanegas   ¡Callad! Que es ardid de guerra,
soldados, el que habéis visto.

Pimienta   ¿Cómo?

Vanegas   Escuchad mi discurso.
este morabito ha sido
ángel en forma de moro,
que para justo castigo
al África Dios envía,
como muestran los indicios
de haberos dado las vidas,
y de haberles persuadido
que un Dios confiesen, y nieguen
a Mahoma, y que de Cristo
los profesores no ofendan,
trayéndolos al suplicio
sin armas; y si esto es cierto,
es cierto verlos vencidos,
o los diabólicos pactos
dan efeto a sus hechizos;

y si es esto, menos temo,
cuanto más en Dios confío;
que no ha de dar al demonio
potestad sobre sus hijos.
Y así, porque no desistan
de esta facción, acredito
con el temor que les muestro
lo que el morabito ha dicho;
que bien sé yo que el alcaide
no ha de admitir los partidos
mientras no le vuelvo a Alima.

Pimienta   Tu ingenio y valor divino
con emulación se ayudan.

Vanegas   Pues dadme atención, amigos;
y porque el fin consigamos,
escuchad lo que imagino.
La cerca ha de estar abierta,
pero cerrado el castillo,
y los soldados sin armas
por los muros repartidos;
cebadas en el cañón
las piezas, porque encendido
el polvorín, no disparen;
cien hombres en los navíos
huyendo se embarcarán
a vista de los moriscos,
para que ellos, confiados
con ver que son los indicios
conformes a las promesas
del morabito caudillo,
en tropa ocupen la cerca;
y estando dentro, el rastrillo

echaremos y serán
todos muertos o cautivos;
y los ciento que embarcados
han de estar, de los navíos
saldrán al punto a dar muerte
a los moros fugitivos.

Arellano   Son ardides como tuyos.

Vanegas   Hoy quedamos todos ricos
de los paganos despojos.

Pimienta   ¡Ojalá los berberiscos
trajeran sus fuertes armas!
Vieras si yo soy membrillo.

(Vanse. Tocan cajas, salen todos los moros, sin armas, que las llevan ocultas, y Amet, con el estandarte, y Salomón.)

Salomón   Estos partidos te ofrece.

Azén   ¿Pero no a mi Alima bella?

Salomón   A Alima no.

Azén   Pues sin ella
mi ardiente cólera crece.
        ¡Marchad, fuertes africanos!

Amet   Ved si es mi ciencia evidente,
pues mi fama solamente
da tal miedo a los cristianos.
        Ved los soldados que al mar
corriendo van fugitivos.

Azén	Yo pierdo aquellos cautivos.
Amet	Aunque los ves embarcar,
	verás que el viento no deja
	salir las naves del puerto.
	Ved cómo os aguarda abierto
	el muro de Villavicia;
	ved cómo sobre los muros
	encantados y suspensos,
	desarmados e indefensos,
	están de su mal seguros.
	Ved cómo dan los fogones
	en vano llamas al viento,
	sin que al ardiente elemento
	obedezcan los cañones.
	¿Veis cómo el efeto os doy
	conforme con la promesa?
	Moros, ia la cerca apriesa
	entrad, que delante voy!

(Vase Amet.)

Todos	¡Dios te oiga, Amet!
Abenyúfar	¡Quiera Alá
	que bien te suceda, Azén!
Azén	Cuando no suceda bien,
	cerca tu ejército está.
	Y si el vencer dificultas
	con estos mágicos modos,
	no tengas temor; que todos
	llevamos armas ocultas.

Salomón	¡África, cierra! Hoy acabo
	la venganza de mi enojo.
	No quiero más del despojo
	que a Pimienta por esclavo.

(Vanse. Salen Vanegas, Pimienta, Arellano, y los demás soldados en lo alto.)

Pimienta	De doce mil moros pasa
	el ejército.
Arellano	En la cerca
	van entrando de tropel.

(Salen los moros.)

Zaide	Cerradas están las puertas
	del castillo.
Azén	Bichalin,
	abra tu encanto la fuerza.
Vanegas	Ya están de la cerca dentro
	todos los alarbes; echa
	el rastrillo. ¡Moros viles,
	la imagen de Cristo es ésta!
(Muestra un Cristo.)	Él solo es Dios verdadero.
	Los que a su ley se conviertan
	de vosotros, serán libres;
	los demás, si no se entregan
	por cautivos, morirán.
	¡Cierra, España! ¡España, cierra!

(Bajan de lo alto los cristianos y acuchillan a los moros.)

Azén   ¡Perdidos somos! ¡Amet,
                      cumple agora tus promesas!

Amet   Yo no te he engañado. Advierte.
                      Yo prometí que la cerca
                      abierta, Azén, hallarías,
                      y los cristianos en ella
                      desarmados, sin que al viento
                      las balas diesen las piezas,
                      antes que al castillo mismo
                      llegases sin resistencia.
                      Todo ha sucedido así;
                      si agora el cielo os condena,
                      cúlpate a ti y a los tuyos,
                      que trayendo armas secretas,
                      habéis ofendido a Alá,
                      y a mí engañado; que de ellas
                      las centellas han salido
                      con que el cristiano os ofenda.
                      Azén, Azén, éstos son
                      castigos de tus blasfemias;
                      que contra el poder del cielo
                      no hay resistencia en la tierra.

(Sale Pimienta.)

Pimienta   ¡Suelta la bandera, Amet!

(Quítasela y vase.)

Azén   ¡El vil morabito muera,
                      que nos ha engañado!

124

Amet	¡En vano intentáis hacerme ofensa!

(Vase por tramoya.)

Azén	Sus hechizos le han valido.
Zaide	Por encima de la cerca se escapó. Vencidos somos.

(Salen Vanegas, soldados españoles, y Alima con espada embiste a Azén.)

Vanegas	¡Si no se rindieren, mueran!
Zaide	Rendidos nos ves.
Alima	Azén, aquí pagarás mi ofensa.

(Cae herido Azén.)

Azén	Matarme cuando ya muero hazaña será pequeña.
Alima	Confiesa a Cristo por Dios, y de Mahoma reniega.
Azén	Yo lo haré, Alima, con solo que una merced me concedas.
Alima	Di; que por salvarte, Azén, no habrá cosa que no emprenda.

| Azén | Que la palabra me des
de que nadie te posea
por esposa, ya que yo
no he merecido tus prendas. |
|---|---|
| Alima | Yo lo prometo. |
| Azén | Y yo quiero
morir cristiano. |
| Vanegas | Pues entra
donde el bautismo recibas. |

(Sale Pimienta, con la bandera del Morabito.)

| Pimienta | La bandera roja es ésta
de los moros. Ved agora
si soy membrillo. |
|---|---|
| Vanegas | Pimienta,
desde hoy eres capitán. |
| Pimienta | Dame esos pies. |
| Arellano | Cuantos quedan
con la vida, de los moros
a esclavitud se sujetan. |
| Alima | Menos Daraja y Muley
y mi padre, gran Vanegas,
cuyas libertades pido. |
| Vanegas | No habrá cosa que no puedas. |

Daraja	El bautismo te pedimos, noble general, con ella; que la verdad de tu ley estos prodigios enseña.
Abenyúfar	Yo pido lo mismo.
Pimienta	Y muchos, convertidos, lo desean.
Vanegas	De todos seré padrino. Hazañas de Dios son éstas, y éste el fin, noble senado, de esta historia verdadera, que llaman la manganilla de Melilla por Vanegas. De que el morabito Amet fuese ángel hubo sospechas, como las causas y efetos que habéis visto lo comprueban; tras esto podréis creer, señores, lo que os parezca, como creáis que es serviros la voluntad del poeta.

Fin de comedia

Libros a la carta

A la carta es un servicio especializado para

empresas,

librerías,

bibliotecas,

editoriales

y centros de enseñanza;

y permite confeccionar libros que, por su formato y concepción, sirven a los propósitos más específicos de estas instituciones.

Las empresas nos encargan ediciones personalizadas para marketing editorial o para regalos institucionales. Y los interesados solicitan, a título personal, ediciones antiguas, o no disponibles en el mercado; y las acompañan con notas y comentarios críticos.

Las ediciones tienen como apoyo un libro de estilo con todo tipo de referencias sobre los criterios de tratamiento tipográfico aplicados a nuestros libros que puede ser consultado en Linkgua-ediciones.com.

Linkgua edita por encargo diferentes versiones de una misma obra con distintos tratamientos ortotipográficos (actualizaciones de carácter divulgativo de un clásico, o versiones estrictamente fieles a la edición original de referencia).

Este servicio de ediciones a la carta le permitirá, si usted se dedica a la enseñanza, tener una forma de hacer pública su interpretación de un texto y, sobre una versión digitalizada «base», usted podrá introducir interpretaciones del texto fuente. Es un tópico que los profesores denuncien en clase los desmanes de una edición, o vayan comentando errores de interpretación de un texto y esta es una solución útil a esa necesidad del mundo académico.

Asimismo publicamos de manera sistemática, en un mismo catálogo, tesis doctorales y actas de congresos académicos, que son distribuidas a través de nuestra Web.

El servicio de «libros a la carta» funciona de dos formas.

1. Tenemos un fondo de libros digitalizados que usted puede personalizar en tiradas de al menos cinco ejemplares. Estas personalizaciones pueden ser de todo tipo: añadir notas de clase para uso de un grupo de estu-

diantes, introducir logos corporativos para uso con fines de marketing empresarial, etc. etc.

2. Buscamos libros descatalogados de otras editoriales y los reeditamos en tiradas cortas a petición de un cliente.

www.ingramcontent.com/pod-product-compliance
Lightning Source LLC
LaVergne TN
LVHW041257080426

835510LV00009B/775